MITEINANDER REDEN

的力量

简沟通的
维模型

德曼·舒茨·冯·图恩——著

冯珊珊——译

天津出版传媒集团

天津人民出版社

图书在版编目（CIP）数据

沟通的力量：极简沟通的四维模型 /（德）弗德曼·舒茨·冯·图恩著；冯珊珊译. -- 天津：天津人民出版社，2020.8
ISBN 978-7-201-16170-9

Ⅰ. ①沟… Ⅱ. ①弗… ②冯… Ⅲ. ①心理交往－通俗读物 Ⅳ. ①C912.11-49

中国版本图书馆CIP数据核字(2020)第116044号

Author: Friedemann Schulz von Thun
Title: MITEINANDER REDEN 1. STÖRUNGEN UND KLÄRUNGEN. ALLGEMEINE PSYCHOLOGIE DER KOMMUNIKATION

Simplified Chinese language edition arranged through Beijing Star Media Co. Ltd., China.
著作权合同登记号：图字02-2019-278号

沟通的力量：极简沟通的四维模型
GOUTONG DE LILIANG: JIJIAN GOUTONG DE SIWEI MOXING

出　　版　天津人民出版社
出 版 人　刘　庆
地　　址　天津市和平区西康路35号康岳大厦
邮政编码　300051
邮购电话　（022）23332469
网　　址　http://www.tjrmcbs.com
电子邮箱　reader@tjrmcbs.com

责任编辑　陈　烨
策划编辑　唐　三　辜香蓓
装帧设计　尚世视觉

制版印刷　晟德（天津）印刷有限公司
经　　销　新华书店
开　　本　880毫米×1230毫米　1/32
印　　张　9
字　　数　200千字
版次印次　2020年8月第1版　2020年8月第1次印刷
定　　价　52.00元

《沟通的力量》序

人们通常认为，所谓心理学家就是使用一些玄奥的语言讲述一目了然的事物的一群人。其实只要描述个人经历中发生的事情，就会出现这种“他人看不穿”的问题。尽管心理学在旁人看来晦涩难懂，但在本书中，我将竭尽所能对其做通俗易懂的讲解。

另外，这本书会涉及每个人日常生活中都会发生的事情：关于人际沟通，关于理解和交流的方式，关于如何与他人相处。可以说，你在这本书中看不到什么“新鲜干货”，甚至，你会发现一些老生常谈的内容。但是，这本书无疑提供了全新的角度，让你重新审视这些日常生活中再熟悉不过的场景，让你重新认识至今仍隐藏在蒙眬中的事物。

也许有人会问，心理学是否真的能够像其描述的那样——既能从科学理论方面阐释人际沟通，又能在实际上改善人际沟通？答案是肯定的。虽然至今仍没有人能够利用心理学知识和实验成果提高个人的沟通能力，但是，已经有了一些初具效果的相关知识、手段和训练方法，可以帮助到那些希望学习沟通技巧的人。

最初，我并无意编写这本书，因为书的内容对于我个人来讲并无太大意义。当我的高中时光彻底结束，被贴上“成年人”的标签时，我的沟通能力已经达到了尽管缺少个人经历，但仍能做到得体且随机应变地描述事实的水平。即使不理解事实，我也可以隐藏自己的“青涩”，对并没有过的经历夸夸其谈。

我并不想批判什么，正是这项技能才让我的大学生涯更加顺利，但是我并不能因此而自满，也更不能因此在大学时停止探索。尽管成了“成年人”，但在人际沟通中我仍然表现得甚为幼稚，这让我不禁感叹：上高中的时候为什么没有开设“如何与他人交往”的课程！后来，经历过一段时间的不安和迷茫之后，我下决心学习心理学。当时，我还不知道踏入这个未知领域会对我和他人的交往带来怎样的影响。

虽然我暗自设下目标，想要成为交际中的主导者，以确保自己可以在宏观层面上了解和把控交际的走向。但事实表明，这种认知并不正确。直到后来我才意识到，这个目标让我一度陷入窘境。也正因为这个原因，我开始借助学到的心理学基本知识（后面会提到这些基本知识）帮助自己了解人际交往。但理性的认知并没有让我在交往中如入无人之境。相反，却让我饱尝痛苦——我常常有一种“掉队”之感——一方面，思想认知的进步仿佛插上翅膀般地一日千里；另一方面，感觉和行为却保持着以往的步调，蜗牛般地一毫米一毫米地缓步向前。

结合我的实际经验，这本书的教学目标只有通过不断地自我摸索和训练才能够实现。尽管如此，我仍然坚信，客观的知识可以引导并辅助个性的形成。此外，我也发现，在理智思考中处于“主导地位”的人（像我）更可能在情绪中被一些认知所误导——比如被本书所阐释的内容所误导。

首先，我要对一些人诟病的心理学中难以理解的语言形式表达自己的看法。有两个经历促使我一步步“舍弃”了那种专业的学科性的语言。1969年，我的老师莱茵哈德·陶施在汉堡的一个研究项目中提出了一个问题：信息如何才能准确地传达？经过几年的研究，我们终于发现，理解建立在四个层面之上：简单（语言组织），结构和逻辑顺序（篇章结构），简明扼要（而不是冗长烦琐）和附加刺激（调动情感的形式）。

但是，比这个发现更加重要的是，我们成功地将四个层面量化并将其运用在具体的训练中。关于这个训练，我会在后面的内容中结合相关例子进行论述。这个研究项目对于我个人的讲座和文章风格产生了持久且深刻的影响。

其次，我在为父母、老师和各种从业者举行的无数次训练课程中发现，本书的科学理论并没有渗透到课程之中。事实上，可以说是这些学员直接促使了本书的问世。我在书中介绍的人际沟通模型正是受到这些课程的启发才产生的。

1970年，一家汉堡的企业与莱茵哈德·陶施的研究小组联系，询问是否可以为他们的员工组织一次提高沟通能力的培训。起初,我们并不知道这个项目会对我们产生什么样的影响,或许这个请求可以看作“汉堡理解项目”研究的开始，或者可以看作莱茵哈德·陶施和安妮–玛丽·陶施的合作风格形成的开始。

事实证明，二者都是。人际交往有多个维度。保罗·瓦兹拉威克曾经将这一事实描述成一个公理：每一次交流都有内容和关系方面……

当时，一些问题出现在我和同事伯纳德·福提科、英格哈德·朗格的面前：怎样才能将不同的心理学方法（例如卡尔·罗杰斯、阿尔弗雷德·阿德勒、露丝·科恩、弗里茨·皮尔斯和保罗·瓦兹拉威克）结合在一起？这些理论成果结合起来对解决实际沟通问题是否有用？

随着时间的推移，我们发现了四组问题。这四组问题分别从四个维度影响着人际沟通的过程：

事实维度——怎样才能清楚地理解事实？对于沟通的这个维度，我们的“汉堡理解项目”可以提供大量佐证。

关系维度——个人的沟通方式如何影响沟通对象？我对沟通对象的说话方式直接表明了我对他的看法。相应地，对方会感受到被接受、被尊重，或者被轻视、被约束、被敷衍。莱茵哈德和安妮·玛丽随后在他们的《教育心理学》中事无巨细地研究了学校里发生的事情，因为他们发现，学生的个性发展会受到关系维度的极大影响。

自我表达维度——一个人说话的时候，就是在表达自我。无疑，这个特点让每一条说出的信息都成为窥视测试者性格的样本。因此，也让被测试者在测试中（或与专家的接触中）产生了一丝忧虑。随着人文主义心理学在德国的影响越来越大，我们意识到——“生活在表面之下”确实可以消除自我表达的恐惧，但这却是以损害心理健康为代价的，这为人际沟通带来了巨大的负面影响。

诉求维度——一个人说话，通常都会带有一定的目的性。通过言语产生某种影响或达到控制的目的，这样的形式不仅出现在广告宣传中，还出现在教育学习中。从普通的沟通交流到精神问题的治疗，这种沟通目的无处不在。（至少）从阿尔弗雷德·阿德勒起，心理学家就开始认识到，诉求维度对一个人的人际交往有着长远的影响。并且，他们在人际交往中的种种表现也许和这种潜在的目的有着不可分割的联系。

想到所有这些问题，我又想起卡尔·布勒所说的“语言的三个功能”——符号、表达、呼吁。于是，我结合瓦兹拉威克和布勒的观点，使用四边形展示信息的不同维度（见图1）。

我必须承认，我对这个四边形模型的诞生感到非常满意。它既适用于具体问题的分析，又可以用于检测各种沟通干扰，更可以将沟通问题简明地划分成多个区域。

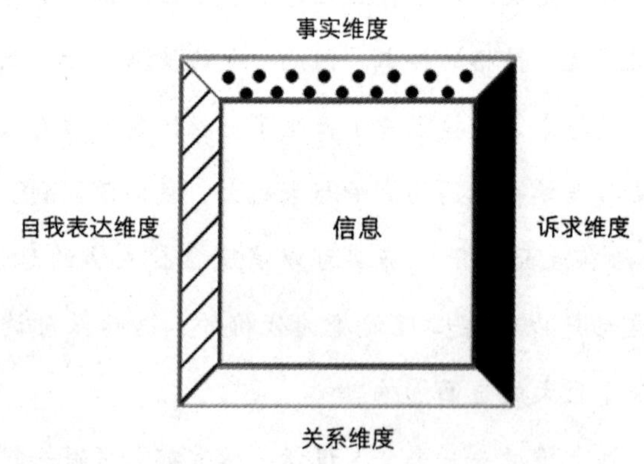

图1　信息的四个维度——人际沟通模型

作为一种心理学分析工具，它构成了本书的核心。通过这个四边形模型，你立刻就能抓住三点内容：

第一，每一次明确的沟通都建立在四个维度之上。如果有人说："我已经给你打了五次电话！"可以说，打了五次电话这一事实十分明确。然而，信息接收者可能并不清楚信息发送者到底想要传达什么（是失望还是情绪的起伏），不清楚发送者对接收者的看法和态度（也许是控诉"你又去哪里了？"或者"你对我非常重要！"），也不清楚发送者的目的（也许是"你应该给我回个电话！"）。

因此，信息接收者或许会产生这样的疑问：“虽然他说的每一个字我都能明白，但他真正想告诉我的是什么？”而且，接收者经常会倾向于接收他们并不清楚的信息。这些信息往往产生于他们的幻想、期待或担忧。可以说，他们其实是接收了自己发送的信息，并将臆想或希望的内容填充进对方发送的信息中。

第二，一个信息包含许多消息，这些消息围绕四边形组合排布。这一点很重要，因为一无所知的接收者必须（在内心）对所有的消息做出反应，这个过程中，消息非常容易变得混乱。在我还小的时候，一次在电车上的经历让当时的我困惑不已，并留下了深刻的印象。

当时，我坐在祖父旁边，旁边站着几个没有座位的成年人。一位先生大声地斥责我的祖父：“从没有见过小孩子占着老人的座位的。”我祖父用相同的音量反击：“你在这里发什么牢骚？”一来二去之后，我祖父突然说出一句让我惊讶不已的话：“是，你说的有道理！”随即，他让我站起来，并补了一句：“但你没必要因此这么气愤！”这是我第一次发现，原来人可以同时既是错的又是对的。

信息有四个维度，我的祖父在事实和诉求维度肯定了那位先生，但是，在关系维度否定了他。如果信息接收者不能理清内心的不同反应，就无法对外界的信息做出明确的反应，发送者和接收者面临的将是一场混乱的沟通。

因此，如果面临一些复杂且困难的交流情景，向沟通心理学家寻求帮助并不是什么丢脸的事，他们可以作为观察员，也可以作为“助产士”为你会诊，让“难产”的信息顺利“生产”。现在，沟通心理学使用的场合越来越多，特别是在夫妻相处、家庭生活以及工作合作中。

第三，四边形的边长是相等的。这与沟通的四个维度在原则上具有相同重要性的论点相似（尽管在具体情况中，可能只有某个维度最为重要）。与此观点相反的是，在学校和工作中过分强调事实维度。有人说，现在的学校教育“头重脚轻”——过于重视知识的传授而忽视了带领学生了解社会。即便在工作中，人们也多是用事实说话。

但是，自我表达和关系并非不存在。相反，在很大程度上，情绪能量依靠这两个方面得以宣泄。然而，由于这些问题被认为是不客观的从而遭到否定，这就仿佛是特洛伊木马——事实隐藏在迷惑人的表面之下。

沟通心理学旨在消除对信息其他维度的偏见，将单一事实维度的交流转化为生动的四维度沟通。然而，由于长期的单维度事实交流，我们当中的许多人对处理信息的其他三个维度疏于练习。因此，可以通过系统训练、自我摸索和治疗让落后的维度赶上来。

沟通心理学不仅从科学理论角度阐明了信息在发送者和接收者之间传递的过程，还为人们提供了改善人际沟通的工具和指南。但是，我们要知道成功的沟通是什么样子的，以及失败的沟通又是什么样子？

十年前，刚开设培训课程时，我们理所应当地认为——成功的沟通应该具有“吸引人的外表”，因此，也就认定——如果一个人说“别再胡说八道了”，会不利于沟通；相反，如果一个人说“我或许不能完全赞同您的观点”，效果会更好（见图2）。

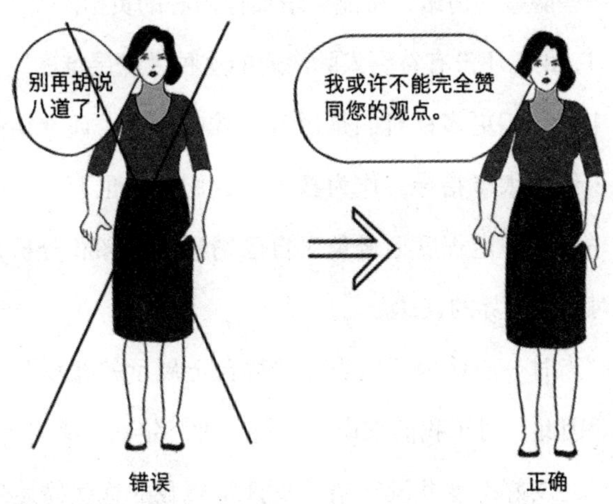

图2　优化交流的不明显方式（这是我们十年前的观点）

我们当时认为，只要让参与者明确感受到两个版本之间的情感差异，并将这种理想的谈话风格加以练习，就能改善不良沟通，为心理健康事业做出巨大贡献。

然而，站在今天的角度看，事情其实更加复杂。第一种方式表达出的虽然是负面情感，但却是内心的一种真实写照。这种真实包括：我该如何处理这种心境？怎么察觉内心的不快（注意到我怎么了）？如何理清他与我的关系以及我与他的关系？怎么在不责怪他的情况下和他说话？

第二种沟通方式虽然被认为是正确的沟通方式，实际上却否定了内心的真实情感。这种方式可能适用于一些平稳顺畅的交流，但并不适合作为一个有利于自己和他人心理健康的沟通模型。相反，我不得不担心，未宣泄出的不满在心中会不断扩张，再加上一些隐藏的情绪，可能会增加你内心的负担。

那时，我们还没有看到人际沟通的这种“深层维度”。因此，在训练中，我们更多针对的是语言形式的训练，而在情感处理方面并未给予太多指导。作为教练，我们自己也遵循着这种沟通方式——在一定程度上避免对自己情感的感知和分析，尤其要避免对内心世界的表达。

我们当时一心认为，应当将“舞台上展示的礼仪”带入训练之中。因此，对于我们来说，保持一种坚定的、善解人意的、始终如一的友好态度并没有错（我真希望我的这些描述带着几分夸张，但事实就是如此）。

事实证明，追求“吸引人的外表”是一条歧路。于是，我们将“清晰”和“统一”设为测定沟通是否有意义的新标准。“统一”不仅意味着内心、目标和价值观与沟通的一致性，还意味着沟通对象的内心、真实情况与沟通的一致性。

后来我们发现，如果沟通受到干扰，使用元沟通是一种非常有效的补救方法。元沟通，即关于沟通的沟通，关于彼此互动方式的沟通。沟通治疗师曼德尔在1971年曾写道："明确元沟通其实并不常见,人们对此(对于开诚布公的分析相处方式)感到羞耻。如果下一代能把它（元沟通）当作习惯，这简直是人类的一次重大进化。"

本书在向读者传授如何让外在表达和内心分析更加清楚明白的方法之外，也会引导读者初步认识元沟通。本书的目标读者首先是心理学从业者和心理学学生，他们（未来）的工作是领导团队工作学习，进行沟通培训，通过一定的方式、方法促进伴侣、家庭和工作团队的关系，以及增进交流。

其实，许多方法都已经掌握在我们自己的手中。一些教师已经开始将其中一些方法教授给他们的学生。我一直热衷于沟通心理学，而不是把它锁在"藏经阁"里成为秘密。但我意识到心理学随时有"落入坏人之手"的危险，被利用去控制他人或做不道德甚至是违法之事。另外，对于人际沟通过程的科学研究也可能导致人际关系过分教条化、规则化。

所以在本书后面的章节内，我将对人际沟通心理科学的畸形发展做出一些预设。我坚信，时间会证明，学习如何清晰地表达和分析，对于更好地理解性格的形成和人际关系之间的关联，一定会对大家有所帮助。

另外，在进入第一个章节之前，我还有一些话要说。我认为改善人际交往可以从三个不同的方面着手。

第一，个人。为个人提出建议或进行培训。一方面，有机会让未发育成熟的人格得到二次发育，同时加强个人自主能力（从人文心理学的角度）；另一方面，沟通受到干扰的原因和危险只能通过个体分析得出。因此，烦人的学生会让心理医生“不胜其烦”——他们在得到医生帮助的同时，还会被贴上“精神异常”的标签。尽管如此，烦人的学生可能只是教师与学生或学生与学生之间关系受到干扰的最显著“症状”。理解了这一点，我们就可以开始进行下一方面的训练了。

第二，相互。我们所说的“病人”并不指个别的“另类”，而是一个群体性的思维系统。这里说的“思维系统”是治疗夫妻及家庭沟通问题以及现在学校心理辅导的基础。

这种沟通治疗法与行为也有关系，某些特定的沟通方式不会因沟通对象（原则上）自由的行为表现而改变。可以说，沟通方式早已经“在脑子里”编程好了。意识到了这一点，就可以开始第三方面的训练。

第三，对制度的分析和反思。无论是改变个人还是几个人之间的相互沟通都没有太大意义，真正需要的是全人类的人际交往态度的改变，让他们有意识地改变自己的沟通方式，或者至少意识到自己的沟通方式有待改进。

例如，在一个层次分明的工作环境中，升迁机会很少，同时又需要同事之间的紧密合作。在这种情况下，可能会出现一种“双面”沟通：表面上表现为合作，但背地里却以竞争为导向。

即便是在学校，也有所谓的“开小灶”事件，这往往会给师生关系和同学情谊戴上“枷锁”，这注定会造成“沟通干扰”。从这个角度客观来看，前面提到的补救措施——无论是学生心理辅助还是教师沟通培训，抑或师生关系互动治疗，作用都过于有限，并没有从根源解决问题。因此，如果事实证明该制度符合社会存在和发展的必然规律，就可以进行制度变革，在政治层面重新制定新的基本社会制度。

对于我的一些学生来讲，当说到这本书主要指导第一、第二两个方面的训练时，他们可能已经没了兴趣。他们认为，这是将问题“心理化”——着眼于治疗症状，却掩盖了根本问题，以维持病态社会系统表面上的正常运作。

我知道，如果忽视第三个方面的反思，会造成不良的后果。但是，我同样也意识到，只强调第三方面而忽视前两个方面，同样十分危险——人怎能自信满满地想要改变社会，却不从自身开始做起呢？

目　录

第一部分　人际沟通的基础

后记

第一部分

人际沟通的基础

第一章　剖析一则信息

本章我将主要描述人际沟通的基本过程：沟通过程首先需要一个信息的发送者。他将想发送的内容编码成可识别的标志，我们称他想发送的内容为信息。同时还需要一个信息的接收者，他负责解码这个接收到的内容。通常，发送和接收的信息是一致的，接收一致的信息叫理解。

一般情况下，发送者和接收者都会借机检查理解的质量如何：接收者向发送者反馈获得的解码信息、信息如何到达，以及接收者对信息的反应。发送者可以大致检验他的发送意图与接收结果是否一致，这个检验的过程叫反馈。

但通过近距离观察“信息”，我有了一个神奇的发现——一个信息总是同时包含多个消息，这是我们作为信息的发送者和接收者无法避免的基本事实。事实上，每条信息都是一个装有许多消息的包裹，这无疑是人际沟通如此复杂、如此容易受到干扰的原因，但同时也让沟通的过程变得充满激情和乐趣。

为了能够有条理地展示信息中包含的多个消息，我想先说明信息的四个基本维度。举一个日常生活中的例子（见图3）。

图3　日常生活中信息传达的一个例子：图中妻子坐在驾驶位，丈夫（副驾驶）是信息发送者

丈夫（信息发送者）对坐在驾驶座的妻子（信息接收者）说："喂，前面绿灯了！"这条信息背后传达了什么？信息的发送者（有意或无意地）将什么消息包含进了这条信息？信息的接收者又能获得怎样的消息？

第一节　事实维度：我在发送什么信息

人们，发送的每条信息里都包含着表示事实的消息。如例子中，我们能够知道信号灯现在是绿色。谈论任何事情，事实维度永远是信息中最重要的维度。准确地说，事实就是信息的基础维度。

其实，现在我也在向读者传递大量事实消息。从事实消息中，你可以学到一些沟通心理学的基础知识。但是，这只是我（信息发送者）和你（信息接收者）之间互动的一部分。下面，我们再来了解信息的第二个维度。

第二节　自我表达维度：我想表达什么

每条信息不仅包括事实消息，还包括发送者的个人消息。从上面的例子中，我们可以知道，信息的发送者应该不是色盲。总体来看，他处于清醒的状态，头脑也十分正常。此外，他可能有些着急。

一般来说，每条信息都包含着发送者的自我表达。在此，我选择“自我表达”一词来表达主动的自我展示和非自愿的自我表述——正如我们所了解到的，这个维度在心理学界一直饱受争议。

你在阅读这篇文章时，除事实消息外，你还会了解关于我的各种事情，比如，我的行为方式和思想是如何形成和发展的，我看重的是什么……如果我口头告诉你，你可以从我的说话方式获得有关我的能力和心理状态的消息。那么，无论喜欢与否，我都不得不持续向外传递自我表达的消息。作为信息的发送者，我深知这一事实，并因此而心绪不宁。

比如，我该如何做好一个作者呢？我想传递一些事实消息，同时我也希望给人留下良好的印象。我想将自己打造成传递知识的人，知道自己在写什么，并且想在心理学和语言学上有一定造诣。

自我表达维度与人际交往的问题息息相关。信息发送者往往会竭力使用各种自我展示和自我隐藏的技巧，以展示自己最好的一面，但往往效果并不尽如人意。在后面的章节中，我将详细论述信息发送者该如何解决这方面的问题。

第三节　关系维度：我对你的看法

关系维度主要体现发送者对接收者的看法和态度。通常，这一维度会通过措辞、语调和其他非语言符号展现出来。接收者对于这一维度的消息尤为敏感，因为他能够由此敏感地察觉到自己被怎样对待。

例子中，根据男子的话，我们可以看出，他并不相信妻子能够在没有他帮助的情况下独立开车。

妻子或许会厌恶这种“大男子主义”，生气地回答：“是你开车还是我开车？”请注意：这里妻子否认的并不是事实消息（关于事实她无法否认），而是接收到的关系消息。

通常，发送信息便意味着向沟通对象表达某种关系。严格来说，这只是自我表达的一个特殊部分。然而，我们对这种关系维度的分析处理各有不同，因为信息接收者的心理状况千差万别：当他接收自我表达信息时，他是一个不受影响的诊断医生（你对我说的话表达了关于你的什么）；当接收关系信息时，因为关系信息涉及接收者本身，他会因此受到影响。

实际上，在关系维度的信息传递了两种消息。一方面，它展示了信息发送者对接收者的态度以及他如何看待接收者等。

在例子中，我们从男子的表达中可以看出他认为妻子需要帮助。另一方面，关系维度还包含发送者如何看待自己和接收者之间关系的消息（这就是我们之间的关系）。如果一个人说：“我们结婚怎么样？”这个问题隐含着这样的关系信息：“以我们之间的关系，完全可以讨论这样（亲密）的话题。”

当然，也许接收者并不同意这种关系定义：认为问题极其突兀。因此，我们会经常看到对话双方对关系定位进行拉锯战的情景（我在后面会详细分析）。

可以说，自我表达维度（站在信息发送者的立场）包含第一人称消息，而关系维度同时包含了第二人称消息和我们自身的消息。

在你阅读这本书时，又接收到了怎样的关系维度信息？在撰写和出版这本书时，我不得不承认，你可能并不具备沟通心理学的知识。我将你看作我的学生。当你开始阅读（并且继续向下阅读）时，你默认暂时接受这种关系。但你也可能因为我的写作风格而产生作者“好为人师”的想法。

你也许会想：“我同意这个人写的内容（信息的事实维度），但是，这种说教的风格让我喜欢不起来！”我接触过一些敏感的信息接收者，我尽可能清晰直接地传达事实信息，但对方却认为：“他一定是觉得我听不懂，要不然为什么会使用这种‘傻瓜式’的讲解方式！”你可以了解到，即使是侧重事实维度的表达，关系维度也会因情况差异而有所不同。

第四节　诉求维度：我想达到什么效果

没有什么内容只是“说说而已”，几乎所有的信息都具有影响接收者的功能。例子中的诉求可能是：“你稍微踩一下油门，前面是绿灯，我们还能过去！”

因此，信息还用于“诱导”接收者行动、停止、思考或者感受。这里的“诱导”可以是明显的，也可以是潜在的。如果是后者，我们可以将其称为操纵。实施操纵的信息发送者不用担心与对话无关的第三方受到影响。因此，事实维度的信息就具有了主观性和倾向性，自我表达也以对接收者产生一定影响为目的（例如，表达赞美或者乐于助人的感受）。

另外，关系维度可以通过实现让对方“心情舒畅”这种隐秘的目标来确定（例如，通过服从行为或通过赞美）。如果事实维度、自我表达维度和关系维度都以促进诉求维度效果为目的，那么，这些维度便不再是客观实际，而是作为功能，成为实现某个目标的手段。对于这一点，我将在本书的后半部分再详细论述。

诉求维度要区别于关系维度，因为同样的诉求可能体现截然不同的关系。在我们的例子中，女性可能会认为诉求本身是合理的，但对体现在其中的大男子主义非常敏感。或者相反，她可能会觉得诉求并不合理——车速不应该超过60迈（1迈=1.609千米/小时——译者注）。但是，她完全可以接受男子这种提建议的方式。

当然，这本书也包含很多诉求。在接下来的章节中，这些诉求将变得更加清晰。例如，本书一个重要的诉求就是：遇到困难复杂的沟通场景时，尝试轻松、直接地表明自我表达维度、关系维度和诉求维度的信息，或者试着问清对方的三个维度信息，以实现信息明确！

我们可以将上述信息的四个维度总结成图4：

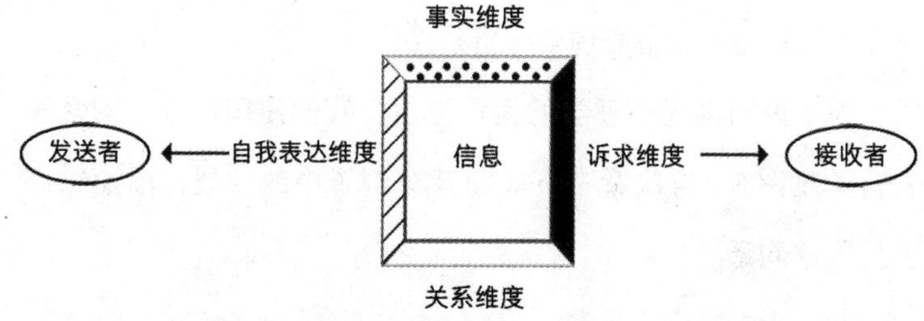

图4　信息的四个维度（方面）——人际沟通心理学模型

这个模型的灵感来自布勒、瓦兹拉威克和其他学者提出的概念。布勒提出“语言的三分法”，即信息（事实维度）、表情（自我表达维度）和诉求（诉求维度）。

瓦兹拉威克认为，信息有内容和关系两个方面。内容方面，即本模型的事实维度。但他进一步定义了关系，他认为关系方面包括：自我表达、（狭义上的）关系和诉求。并且元沟通也是信息的一部分，因为元沟通可以辅助解释信息。

这个模型的优点在于，它可以更好地展现沟通中可能出现的各种干扰和问题，同时为提高沟通能力打开思路，提供不同的培训目标。

第五节　信息：沟通心理学的“诊断”对象

我们需要明确一点：一条信息可以包含许多消息。无论喜欢与否，信息发送者总是会同时发送四个维度的消息。各种消息可以在四边形模型的帮助下直观地呈现出来。这个“消息环”决定了消息是否具备心理学分析条件。

为了说明沟通心理学的运作方法，我们使用沟通心理学放大镜（见图5）再次看一下前面开车例子中的“喂，前面绿灯了！”这句话。

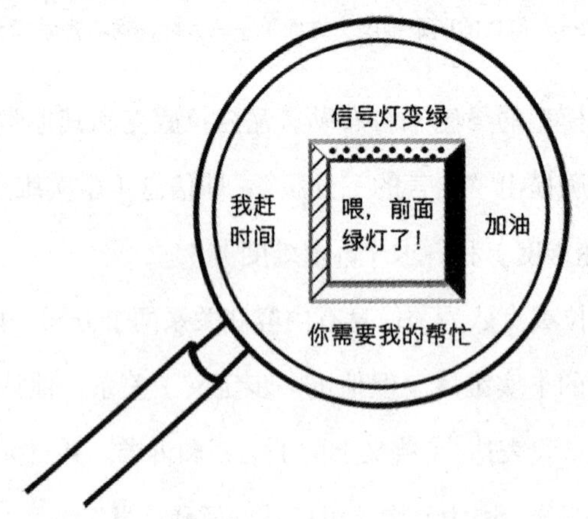

图5　一则信息传达的不同意义在沟通心理学放大镜下清晰地显现出来

到目前为止，我的论述都是以“信息环”是清晰明白的假设为前提。然而，实际情况却恰恰相反。后面，我们即将看到——发送的和接收的信息很可能大不相同。

练习

请使用沟通心理学放大镜观察下面的信息：

•一对夫妻晚上坐在一起看电视，丈夫说：“艾尔娜，啤酒就是我的一切！”

•老师走进教室准备上课，10岁的阿斯特丽德走过来生气地说：“梅尔先生，莱希把地图册扔了！”

•回想一下你最近一次和别人的谈话，并使用沟通心理学进行分析！

•一名26岁的未婚女模特打咨询电话求助，她未婚先孕，已经怀孕3个月了，她内心十分纠结：是否应该堕胎？接线员反应如下：

接线员：“说实话，原则上我并不认为堕胎有什么不好，但是，有些事情并不是通过堕胎就可以解决的，不是吗？而且你肚子里的宝宝可以说已经是一个人了，如果我没理解错的话，你还爱这个孩子的父亲，但不会嫁给他……”

女模特：“不，我不会结婚，我对我现在的生活状态很满意。”

接线员："是的，我知道，你有自由选择的权利。但是这种自由也会让你——我觉得这么说不太好——变得不负责任。当然这也不太可能。那个，呃……只有负责任的人的一生才有意义。可能这和你的价值观不太一样，但是，如果你有了一份责任，那你就有了存在的意义。我的意思是，你现在有工作，对吧？但这份工作（模特）是吃青春饭的工作，我也不知道你具体可以干到什么时候。但我觉得，也许四五年之后，你可能就不会像现在这样无忧无虑了……"

5.1　信息和消息

我将按照接下来的方式使用信息和消息两个概念："信息"是四个维度以及语言和非语言成分的结合，是沟通诊断的对象。我们将信息环置于沟通心理学放大镜下进行观察分析。分析单元可以称为"消息"。那分析单元是什么？是一句话还是两句话，甚至更多句话？

答案是：对此没有固定要求。分析可以根据实际情况而定，可以是一个字或词（如：滚），也可以是一个"意味深长"的眼神，甚至，一段完整的演讲或者一封信都可以成为沟通的分析单元。

直接消息和间接消息。在信息中，消息可以直接呈现也可以间接呈现。直接指的是明确地表达出来，间接指的是没有直接说出来，而是隐含在别的消息中，或者至少是"穿插"在别的消息当中。

直接和间接并非根据四边形模型区分。四个维度的消息既可以是直接的，也可以是间接的。我可以（直接）说："我来自汉堡。"也可以通过我的汉堡口音（间接）透露出我的家乡。我可以（直接）对某人说出我对他的看法，也可以（间接）通过语调和措辞表现出我对对方的态度。我还可以将直接的诉求（艾尔娜，给我罐啤酒）间接表达出来（艾尔娜，啤酒就是我的一切）。

人们可能理所应当地认为：直接消息就是主要消息，间接消息相比之下则没有那么重要。这样的观点是完全错误的。相反，真正的主要消息经常间接发送出来。一些信息发送者发送间接消息的技能已经达到炉火纯青的地步，他们随时可以在迫不得已之时否认（我才没说过）。

非语言信息成分。间接消息经常通过非语言的形式表达出来，如音量、重音和轻音，以及表情和手势，既作为独立消息，又作为四个维度的消息传递。"作为四个维度的消息"指它们同时传达了信息的语言成分传达的内容。"这事我饶不了你"这句话的意义取决于听到或看到的非语言信号（见下文）。"非语言沟通"的研究在最近一段时间取得了长足的发展，并逐渐成为沟通观察的重要参考（尤其是在沟通治疗领域）。

四边形模型是否也能够用于分析非语言信息呢？当然可以。但是，其事实维度通常是空白的。假设有人在哭，这个信息在除事实维度外的其他三个维度都包含了重要消息。自我表达维度可能传达了悲伤或痛苦，也可能是快乐，至少表现了激动的情绪。关系维度也许表达对信息接收者的惩罚(你看你做了什么，混蛋)。诉求维度可能体现在通过哭泣(这种有意或无意的策略)获得关照或爱护(见图6)。

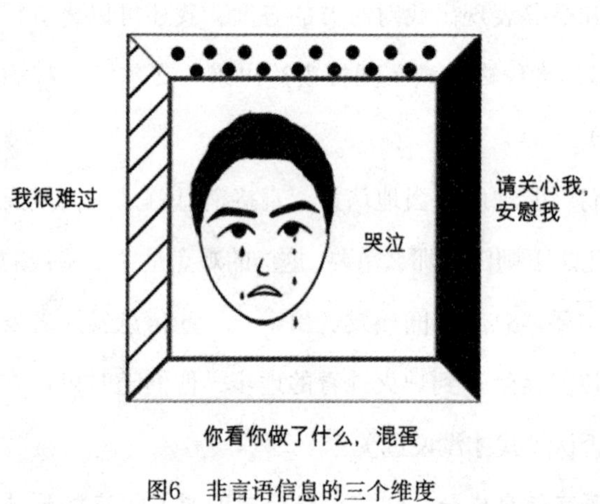

图6　非言语信息的三个维度

“人不可能不沟通”这个沟通的基本法则(瓦兹拉威克提出)让我们认识到，人的每个行为都带有交际功能。我没必要说点儿什么来沟通。沉默也是在“说话”，它传达了一条至少包含三个维度的消息。假设在火车上，我向一个坐着的人友善地打了个招呼，他没有回应我，仍然低头读报纸。我“听到”的这个信息在沟通心理学放大镜下表现为图7。

交际中的每个行为都可以按照四边形模型分析，并且按照这个模型被理解接收。

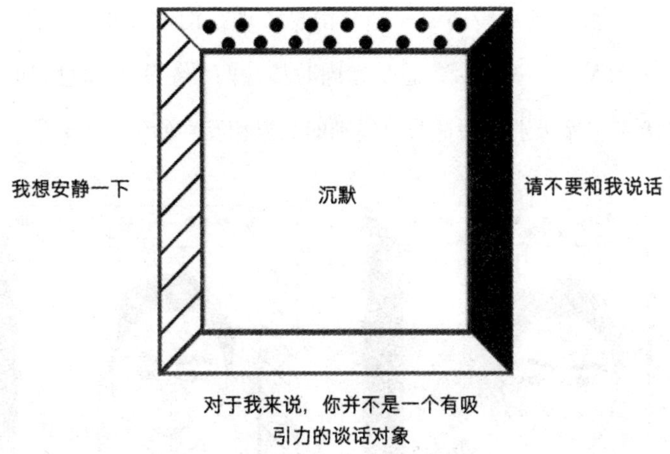

图7　在车厢里沉默不语的例子

5.2　信息一致和信息不一致

信息同时包含语言和非语言成分，一方面为成分之间的相互补充和支撑提供了可能性，另一方面成分之间也彼此混淆。

一致的信息指所有信号指向相同，比如生气的表情配着大声叫喊："我不想再看见你，你这个坏蛋！"

另一方面，最近在一些沟通心理学文献中特别提到了信息不一致，即语言和非语言信号不匹配，甚至相互矛盾的情况。如，对"你怎么了"的令人质疑式回答"没关系"，其语气和面部表情都透露着"有问题"（见图8a）。相反的情况（见图8b）也经常会遇到。

借鉴海利的观点，这个事实应该更多地从理论和系统的角度考虑。目前为止，我们经历的人际沟通都非常复杂，因为发送的每条信息都传递了一整套消息。现在沟通变得更加复杂：发送者无论喜欢与否，总是在同时传达两个级别的信息，即消息级别和元级别——这两个级别的消息相互“验证”。

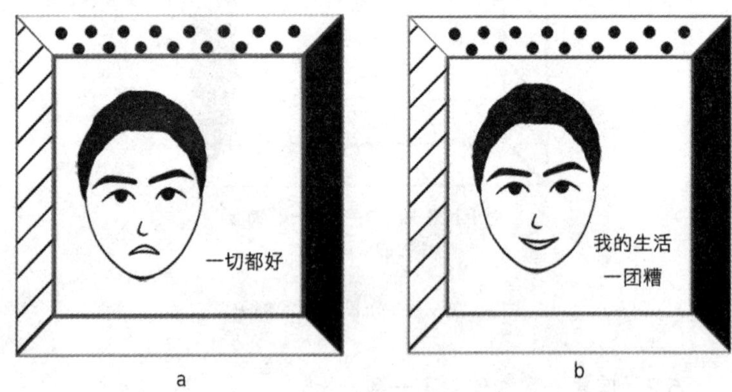

图8　信息不一致的例子

也就是说，一个层次对另一层次的信息给予解释。人们不仅仅是在说话，同时也验证着说过的话。

消息可以相互验证为一致或不一致。如何验证？海利给出了四种方法：

方法一，通过语境验证。当丈夫面对着烧焦的卷心菜说：“我真是佩服你的烹饪技巧！”语境验证了丈夫发送的是不一致的信息。这里并不是信息的成分彼此不一致，而是事实和情景明显不匹配。

方法二，通过表达方式验证。表达事实的方式也可以用于验证。例如，一个人询问一个消化不良的人：“你怎么样？”回答：

"我快死了！"这个夸张的表达与表达的内容并不一致。在一次关于"人类惩罚机制是否应该人性化"的讨论中，一个人说："我认为，监狱应该变成疗养院。因为有些犯罪行为是因为他们生病又没有钱治疗，如此他们才走投无路的。这样他们就能得到治疗和护理。"当我们作为接收者听到这番言论时，我们并不能确定这是不是他真正的想法，或者他其实是在讽刺？这种过于激进的表达体现为信息不一致。

方法三，通过动作（表情和手势）验证。有时积极的关系表达（我喜欢你）可能伴随着拒绝的动作。

方法四，通过音调验证。"您要是能来，我们将感到很高兴。"公爵夫人冷冷地说。母亲这种冷淡的态度使吉提觉得难受。她忍不住想弥补一下，就回过头，笑盈盈地对他说了一声："再见！"

这是列夫托尔斯泰《安娜·卡列尼娜》中关于青年列文的一个片段。他当然知道这条信息的语言内容（……我们将感到很高兴）只是贵族交往时的惯用语，真正的消息则是通过音调传达的。沟通治疗师能够熟练准确地注意到信息的不一致（"赫尔穆特，你说你很难过，你为什么要笑呢"），谈话对象经常会觉得被"抓到"或者被责备，因此"再也不会这样做了"。

但是，信息不一致其实并不是什么坏习惯。重要的是——要发现不一致背后隐藏了什么。在信息发送者发挥主观能动性之前，可以首先将自己带入接收者的位置。

不一致信息自然会让信息接收者感到疑惑：应该舍弃消息

级别的信息，还是舍弃元级别的信息？当他考虑到信息的诉求维度，将完全陷入两难境地。在图8a的例子中，信息的语言成分似乎在表达“别打搅我”，而非语言成分却在寻求帮助，表现为：“请关心我”的诉求。

面对这种相互矛盾的行为请求（见图9），信息接收者则会陷入窘境。无论怎么回答，对方都能曲解他的意思并加以反击。如果他表示关心，会遭到拒绝（我应该说得很清楚了，一切都好，天啊）。如果他不关心，对方又会觉得受到了伤害，继续用这种不一致的信息“惩罚”他。

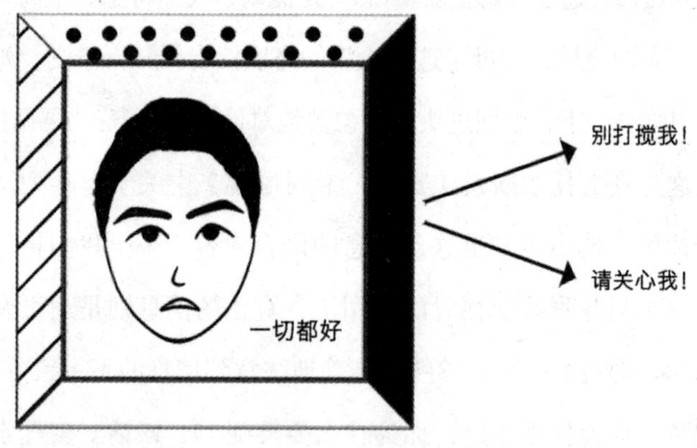

图9　不一致信息包含截然相反的行为请求，构成了一种不合情理的双重束缚

近年来，在“进退两难”这一概念下，专家们对这种“猜谜游戏”进行了大量研究，并且将这种现象与信息接收者的“精神分裂症”建立起了联系。如果接收者过于依赖发送者，又无

法跳出场景，那么不一致信息很可能就是引起混乱的第一因素。

信息发送者内心的混乱：是什么原因导致发送者产生这种混乱的？第一个想到的肯定是这种行为会带来什么好处？不一致信息的优点是发送者自己可以模棱两可。如果有必要，他可以否认，他不是那个意思。

另一点可以在上文提到的《安娜·卡列尼娜》的例子中看到：公爵夫人可以在不显得无礼的情况下传达她的真实消息（请不要再来了）。我说了，但是背后并没有什么其他含义（为什么？我已经说了，我们很高兴见到你）。信息的发送者通常意识不到这种“双重”沟通，因为这是一种无意识的愿望，是通过非语言渠道实现的。

很多时候信息发送者“身体里住着两个灵魂”，他无法和内心的自己和谐相处。一方面他想要“这样”，但另一方面，各种努力和感受并没有指向同一个终点，造成了内心混乱。发送者理不清内心的混乱，就可能会向外发送未分类的内容——不一致的信息原本是两条混合在一起的消息。

因此，在图9的例子中，发送者的内心可能是这样的：其一，有件事让我心情不好；其二，我现在不想谈及此事。这两种内心状态导致了信息不一致。

因此，当发送者并不确定自己想表达什么，但感觉必须要说点儿什么的时候，就会优先选择发送不一致信息（见图10）。

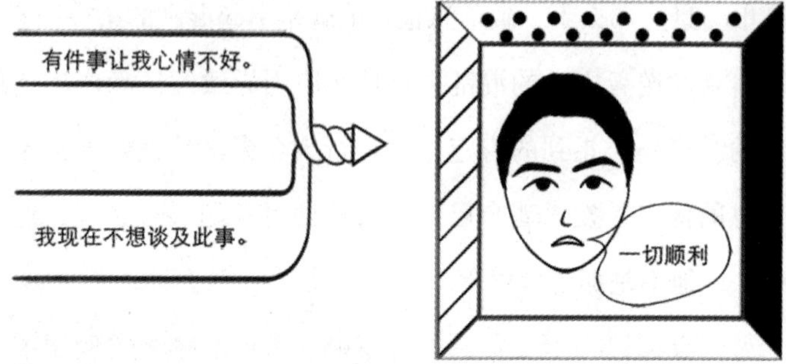

图10 不一致信息是两种心境融合在一起的产物

另一个例子是父母心中住着两个典型的灵魂：

- “我希望你能够懂事独立，自食其力，不再依赖我。”
- “我希望你能一直需要我，就像我需要你一样。”

这种诉求维度的双重信息常见于家长教育青少年的场景中（见图11）：

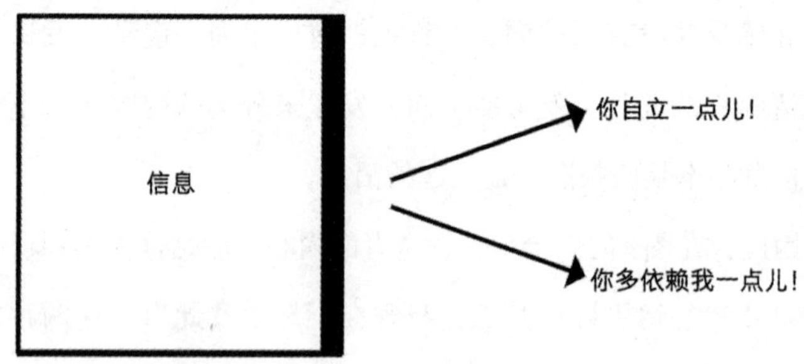

图11 父母对青少年子女一种典型的双重诉求

例如，父母可能会对刚成年的孩子说：“我希望你可以做你喜欢的事。我能够处理这种空虚。”接收到“做你想做的事情吧”

和“如果你这样做，我会感到空虚”这个双重信息，孩子会发现自己进退两难。

可以说，父母的两种人格同时在说话。一个是成熟的成年人人格，他将孩子的独立性和自我认知视为理想目标。另一个是害怕被遗弃和分离的儿童人格，这种人格旨在唤醒孩子的内疚感，试图扼杀他们追求独立的想法。

那么该如何摆脱这种内心的混乱呢？接收者可以将混乱反馈给发送者，这样可以让发送者准确地感受到其内心的摇摆不定，从而做到梳理内心。自我梳理比保持沉默更容易让沟通成功，谈话疗法正是建立在自我梳理之上的。

然而，发送者必须有自我梳理的意愿，如果强迫某人自我梳理，就会导致对方内心封闭，他会使用尖利的“爪牙”保护自己的内心不受“侵犯”。

如何处理身体里的两个灵魂呢？“格式塔疗法”是比较有名且系统的治疗方法：信息发送者想象着交替坐在两把椅子上进行对话，他能够感受到另一方在说话，并且双方的对话能够顺利进行（见图12）。例如，渴望让孩子长大的成年人可能坐在其中一把椅子上，而在另一把椅子上坐着的是有着完全相反目标的儿童人格的成年人。

通过在内心经常进行这种情感强烈的对话，发送者会意识到自己的身体里确实存在两个灵魂，两个灵魂都是他自己，并且他可以感知两个灵魂逐渐分离，不再像之前那样混作一团。

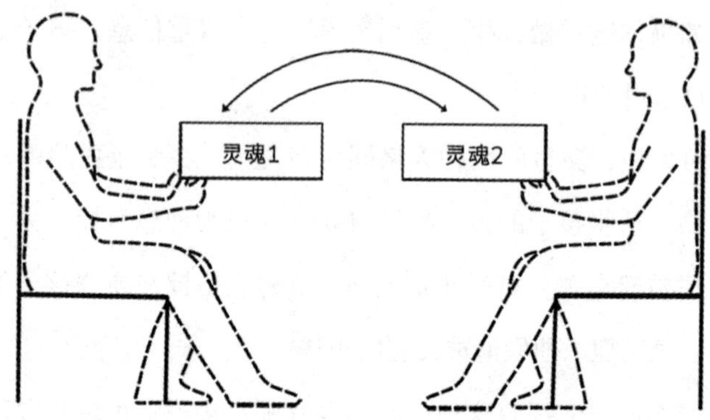

图12 “格式塔疗法”的对话练习：两个灵魂的对话

在这样的自我梳理之后，发送者就可以进行一致的沟通了。他可以分别发送两个信息，而不是一个混合信息，如“一方面，我希望你变得独立；另一方面，你把我独自留下，我感到失落心碎”。两条清楚的信息可以让发送者更好地明白，他希望从矛盾中获得怎样的结果。而接收者也能知道他应该怎么做。

练习

•在你的工作或生活中，你是否会觉得“身体里住着两个灵魂”？这对你的沟通有何影响？两人或多人一组练习（如果条件允许）：展示一个你的典型行为，然后适当地夸大它！

•（至少两人一组）轮流一边发送语言信息，一边发送矛盾的非语言信息（例如：“我觉得练习真有趣！”然后配上一张阴沉的脸）。试着不要中断，轮流进行练习。

•妻子问丈夫："你愿意和我一起去看电影吗？"丈夫（用一种暴躁又疲惫的语气）回答："是—的，我—愿—意！"丈夫为什么会出现内心混乱？经过内心梳理之后，回答又是怎样的？（注意从丈夫本身和对话情景入手分析不一致信息！）

第二章　用“四只耳朵”接收信息

现在，我们主要从发送者的角度来看信息的四边形模型：他发送事实消息；表达自己；表现对接收者的看法，让接收者感到以某种方式被对待；试图影响对方的思维、感受和行为。

因为四个维度的消息总是同时存在，所以发送方必须控制它们。只控制单一维度会造成沟通受干扰。例如，如果关系维度出现问题，即使事实维度再正确也无济于事。同样，如果想要表现自己的严谨性，但在事实维度上却传达不清，自我表达维度也会受影响。

从接收者的角度考虑这个四边形模型。他注意倾听的维度不同，他内心的接收活动也各不相同。具体表现为：努力抓住事实；接收自我表达维度的消息后，开始分析信息发送者（这是什么意思？他怎么了）；受到关系维度的影响（信息的发送者对我的态度如何，对我有什么看法，他如何看待我们之间的关系，我感受到对方的态度如何）；诉求维度（他想让我干什么）或关于如何使用传递过来的信息（知道这个以后，我应该做什么）。

信息接收者脑袋两侧的耳朵有时并不能很好地发挥作用，

因此，需要“四只耳朵”来接收信息（见图13）。

图13 “四只耳朵”的信息接收者

接收者用哪一只“耳朵”优先接收信息，会影响对话的走向。通常情况下，接收者并不知道他关闭了一些耳朵的接收功能，这就注定了一些人际交往的结局。我将在下文中更加详细地解释这个过程。

第一节 信息接收者的“自由选择”

人际交往为何如此复杂？原则上，接收者可以自由选择他想要回复哪个维度的消息。例如，在学校中，老师走向教室准备上课，10岁的阿斯特丽德走过来生气地说：“梅尔先生，莱希把地图册扔了（见图14）！”

老师会怎样回复？在给老师的培训课上，我观察到不同的反应：

•一些老师根据事实维度回复：“她是故意这样做的吗？”（注

图14　阿斯特丽德和老师对话的例子

意到了事实消息并要求提供更多的事实消息。）

•一些老师根据自我表达维度回复："阿斯特丽德，你是不是很生气？"或者："你真是一个小喇叭！"

•一小部分老师根据关系维度回复："你为什么要和我说这个呢？我又不是警察！"或者："我很高兴你相信我……"

•大多数老师都是根据诉求维度回复："我会去看看到底发生了什么！"

让我们回到前面开车的例子（见图3）。丈夫说："喂，前面绿灯了！"假设妻子生气地回答："是你开车还是我开车？"这是关系维度上的反应，她在表达对关系维度传达出来的大男子主义的厌恶。

其实，妻子也可以根据事实维度（例如，是的，真好，前面是绿灯），根据自我表达维度（例如，你赶时间吗），或者根据诉求维度（例如，直接踩油门）来回应丈夫。

这种自由选择会导致一些问题。例如，如果接收者找错了重点，又或者如果接收者过于依赖其中一只耳朵，那么，信息即便传递过来，接收者对所有消息也可能处于一种失聪的状态。所以，“四只耳朵”分工平均应该是接收者沟通心理的基础——根据不同的场景决定如何反应。

第二节　接收信息的“四只耳朵”

很多时候，信息接收者都会有意牺牲掉一只耳朵的功能，以便其他耳朵更好地接收信息。下文中，我们将单独分析每只耳朵，并且讨论只用某一只耳朵接收信息的后果。

2.1　事实耳朵

许多接收者（男性和学者居多）都喜欢专注于事实维度的信息，在争论中寻求事实的本质。但是，真正的问题不是事实的差异，而是人际关系层面带来的问题。事实证明，这个问题通常是致命的。

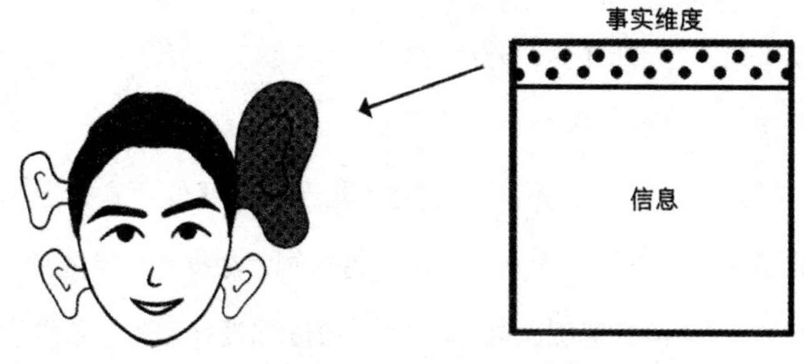

图15　信息接收者的“事实耳朵”

下面的例子虽然以特例的形式呈现，但它绝对不是什么不切实际的内容。

妻子："你爱我吗？"

丈夫："你要知道，我们首先必须明确'爱'这个概念，然后才能理解什么是'爱'……"

妻子："我只是想问你对我有什么感觉……"

丈夫："好吧，感觉会随着时间变化，没有一个绝对的说法……"

……

两人谈论的内容风马牛不相及。当然，类似这种"事实的论点对抗关系问题"的对话不会一直进行到决出胜负为止。但是，这的确是人际交往中普遍存在的问题，应该举例详细讨论。

例如，16岁的女儿准备出门与朋友见面。于是，母女之间有了以下的对话（见图16）：

母亲："穿件外套，外面冷！"

女儿（有点儿鼻塞）："为什么？一点儿都不冷！"

母亲有些生气，不只是因为女儿已有鼻塞的声音，还因为她的不理智。妈妈认为女儿必须保持理智，根据天气穿衣服。

母亲："但是莫妮，外面可能连10度都没有，还刮着风。"

女儿（反应激烈）："如果你看了气温就会知道外面早就10

图16　母亲和女儿

度了，甚至有11度半！”

除了更正事实外，这个信息中传达的关系维度是顶撞母亲。而母亲对女儿的“理直气壮”很气愤，于是不想再继续讨论温度。

母亲：“给我听清楚，你必须穿上一件外套！”

女儿对母亲命令式的语气感到愤怒，摔门离开家（当然，她没有穿外套）。

为什么上述沟通失败了？为什么在这么短的时间内会出现如此激烈且极端的情况？让我们使用沟通模型分析这个“小事故”。

谈话开始时，母亲的话用四个维度模型展现如下（见图17）：

女儿对这个“消息包”的反应如何？这里非常关键，女儿感觉“像小孩”一样被对待，对母亲的家长作风非常敏感。重要的

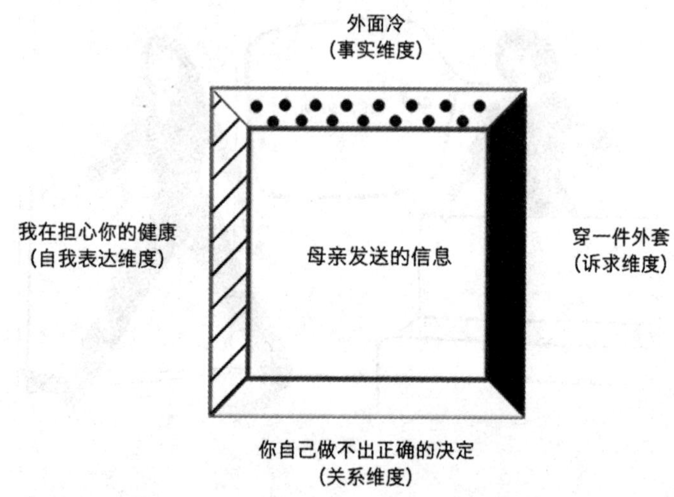

图17　沟通心理学放大镜下母亲第一句话的含义

是，女儿否定的是关系维度，而不是事实维度，甚至都不是诉求维度（她也许会穿上外套）。然而，女儿首先对事实维度做出了反应。在这里，她反驳说“根本不冷”。这种情况体现出来的似乎是事实维度的冲突，其实并不是——母女看似在争论天气，实际根本冲突是两人之间的关系。

对于这个“多维度”沟通范例，女儿想表达的并不是“穿不穿外套”的问题，而是想要表达“不喜欢母亲的命令式口气”。弄清这一点，虽然无法完全保证可以避免冲突，但可以保证冲突在正确的维度进行。

所以，如果女儿第一次回答：“我觉得不用穿衣服，你别再命令我了，让我觉得自己像个小孩。”这样就可以大概率地避免冲突。

练习

•在课堂上发生了以下师生互动。

老师："赫尔穆特，告诉我，你难道不觉得嚼口香糖不健康吗？"

学生："没有啊，口香糖甚至对牙齿有益！"

老师："是的，但是口香糖里含有糖分！"

学生："它现在一点儿都不甜！"

老师："它当然含糖，你多聪明，你嚼了半个小时，当然不觉得。"

学生："我只嚼了20分钟，我不聪明，您更聪明！"（课堂上响起一阵哄笑）

根据对话完成以下练习：

第一，使用沟通心理知识分析老师的第一句话。

第二，在对话中，师生之间存在怎样的沟通障碍？

第三，你会向老师建议用怎样的表达方式替代他的第一句话？（请口头表达出来！）

•（两人一组）像前面举例的夫妻一样进行一次简短的对话。无论A说什么，B都只听取事实部分并回应事实维度。分析这对你们的谈话有何影响？

2.2 关系耳朵

对于一些信息接收者而言，关系维度的“耳朵”异常灵敏，以至于他们会过度解读交际中的关系维度。他们把一切引向自身，感到自身经常被攻击和冒犯。当有人生气时，他们会认为是自己的责任；看到别人笑，会认为对方在嘲笑自己；被别人注视时，会感到自己被审视；别人移开目光时，会感到自己被回避或被拒绝——这些人关系维度的“内心戏”异常丰富。

练习

（两人或多人一组）分别扮演信息发送者和接收者的角色。发送者对接收者说一些无关紧要的事。接收者从关系维度考虑，在每个信息中发掘其中指责自己的消息。

例如：

信息发送者	信息接收者
“我不喜欢这个练习。”	“如果和别人一起练习，你是不是……”
“今天天气真好！”	“我也知道我这个人比较肤浅，但是我不喜欢只谈天气。”
“你今天特别热情！”	“我知道，平时我就是一个无精打采的人！”
“你人真好！”	“你别安慰我了。”

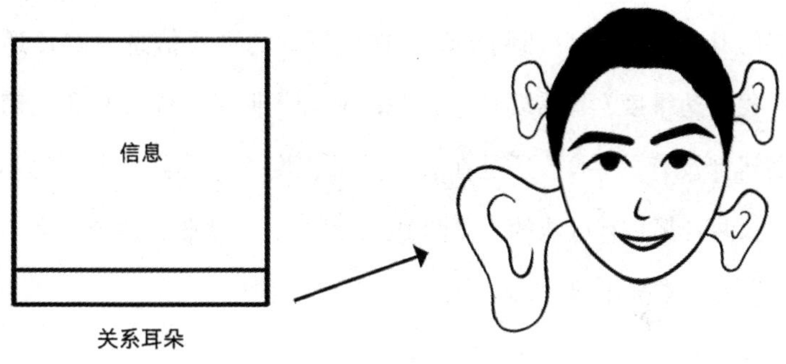

图18　信息接收者的“关系耳朵”尤其灵敏

上一小节母亲和女儿沟通的例子中展示的沟通受干扰的原因在于——只在事实维度讨论关系。但是，如果接收者的关系耳朵听力较为灵敏，就会发生相反的问题——在关系维度讨论事实。假设老师在课堂上提议练习，一个学生厌恶地说：“唉，又来？我们已经做了一百次了！”老师让抱怨的学生安静下来，然后继续授课。在这里，老师通过不回应学生的抱怨来解决关系维度的问题是合理的。在这里，学生只注意了其中一方面，他还应该了解如何处理对事实的抱怨（信息的事实维度），又该如何回应与抱怨结合在一起的诉求。

这一段中的诉求并不是：全副武装，当关系信息迎面而来时，冷静地做出反应。而是：看一看你的关系耳朵是不是足够灵敏，以至于能够“无中生有”。通常，信息更像是一种自我表现。

信息是否具有传递自我表达或关系的特征？某些情况下，信息的发送者和接收者也无法回答这个问题。比如，一对夫妻中的其中一个独自回到房间。这个行为的主要信息是在传递自我表达维度（我需要休息，我想独处。但是和你或者和我们之间都没有关系），还是在表现关系维度（我受够你了）呢?

两者都是有可能的（见图19），所以，在接收这两个维度的信息时经常会出错：

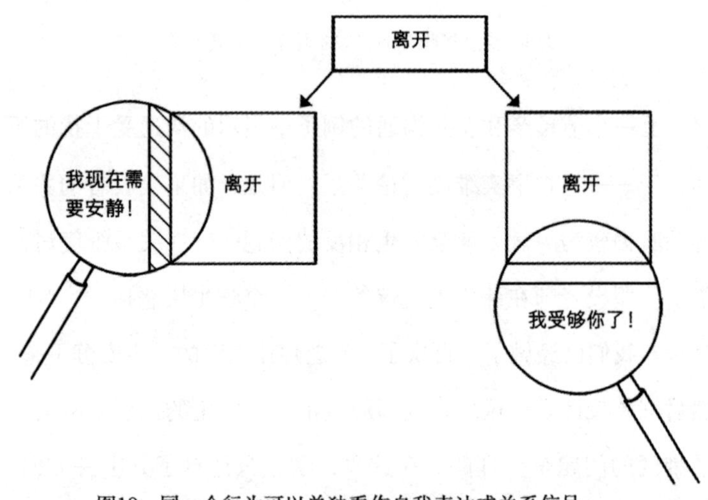

图19　同一个行为可以单独看作自我表达或关系信号

第一，将这个行为理解为关系维度的表达（他不喜欢我了），尽管它只反映了信息发送者的特定需求（我需要休息）。

第二，将这个行为理解为发送者的个人表达（他想独自待一会儿），虽然它又与关系相关（我不想远离你）。

顺便提一下，该例子证明，在心理模型中将自我表达维度与关系维度分开，对于分析沟通干扰十分有利。

2.3 自我表达耳朵

与灵敏的关系耳朵相比，拥有一个成熟的自我表达耳朵对于心理健康反而是最有利的。自我表达耳朵接收信息的形式为：它告诉我关于你的什么事情（见图20）？

图20 信息接收者的“自我表达耳朵”尤其灵敏

接收方式视关系消息是否直接而定。如下面这个生活中常见的例子：

父亲恼怒地回家，看到满地的玩具，训斥孩子：“这里乱七八糟的是怎么回事，你真是个邋遢鬼（见图21）！”

一个不到5岁的孩子会对关系耳朵的信息格外敏感，从而感到沮丧内疚，并得出消极的结论：“就像爸爸说的一样，我真不是一个好孩子。”我稍后会说明人类的自我概念（即他自己的形象）是早期关系消息的产物。一个年龄较大的孩子可能就有能力用“诊断”的耳朵听到：“他一定是因为工作上不高兴，所以向我发泄怒火。”这时，孩子并未将父亲的愤怒算在自己头上，而是认为这是父亲所谓的自我表达。因此，我们可以得出结论：“我就是这样”的想法被“你就是这样”的想法取而代之。

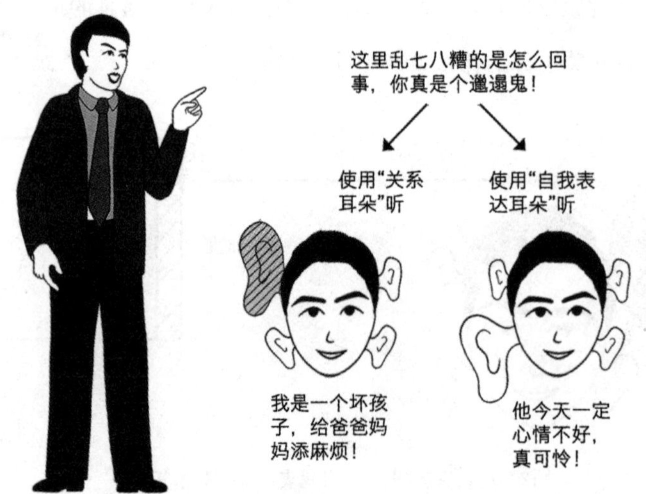

图21　面对批评指责，惊讶难过的接收方式和分析判断的接受方式

如果我们能够通过自我表达耳朵接收交际对象的激动、批评和指责，肯定能获益匪浅。我们就更有可能理解其他人的感受，同时保持内心的冷静，而不会担心守不住内心的大门并拼命寻求精神救赎。我们也不用担心自己的内心是否可以很快平复，而且可以更好地倾听并了解其他人的真实情况。

当然，刚刚提到的接收方法也存在一个危险：走入相反的极端，即什么也没有接收到。如果有人将我对他的影响反馈给我，并且我只听到关系耳朵的反馈，那么，我将完全被对方对我的评价牵着鼻子走。我会受到影响，并且根据我的自我形象做出判断（我就是那样）。

如上所述，灵敏的自我表达耳朵有助于将反馈视为信息发送者的自我表达。有些人自我表达耳朵的使用已经非常纯熟，他们习惯性地只使用这只耳朵，便经常会产生这样的想法："为什么会有这样的人，为什么把他的看法强加在我身上？"传统的精神分析治疗用的就是这种接收方式。如果咨询客户对治疗师说："你这个混蛋，你一直晾着我！"治疗师的关系和诉求耳朵就会暂时失聪，然后对其他耳朵听到的话给予回应："我认为，我们现在必须分析一下你和父亲关系的问题。"

另一个选自《安娜·卡列尼娜》中的例子："对不起，医生，这可实在毫无必要。这话您已经问过我三遍了。"医生并不生气。"这是病态的烦躁。"等吉提走了以后，他对公爵夫人说，"不过我结束了……"

需要注意的是：用于促进倾听和系统沟通的方法在极端情况下会发展成为一种自我惯性。接收者不再把对方当作沟通对象认真对待，而是将其降级作为一个被诊断的对象。他会对此理直气壮地说："对我发脾气或者和我观点不同的人脑子一定有问题。"

心理学化。心理学存在类似滥用自我表达耳朵的情况。也就是说，只有在必要时，专家才会去探究和"揭开"真相，但是并不去理解所说的事实内容。例如，有人批评资本主义经济体制，对此的心理反应如下："之所以有这样的批评，是因为对方在童年时代被父母过度溺爱，因此现在无法面对生活并非十全十美的事实。因为个人无法面对，所以迁怒体制！”任何对事实的批评都包括信息发送者的自我披露。然而，这并不能证明类似的批评不是出于自我表达，而是就事论事。

积极倾听。让我们回到自我表达耳朵。积极倾听是谈话治疗师和教育工作者一项重要的沟通技巧。他们的自我表达耳朵经过特殊训练，但并不是前面的诊断和揭露（所以你是这样），而是努力不评判信息发送者的感受和思想，这样有助于接收者更多地了解发送者。

在心理治疗中，治疗师一直参与对话，在事实陈述中发掘隐藏的情感，并将其展示出来。

咨询客户：“我的丈夫一点儿也不顾家，他通常很晚才回家。”

治疗师：“你觉得很孤单吗？”

咨询客户：“是的。嗯，好吧，他的确有很多事要做，有很多事情必须处理。”

治疗师：“你尝试对自己说：‘我必须理解，他是真的不顾家吗？’”

……

在积极倾听时，沟通心理学是治疗师的常用手段：即使你想发送以事实维度为主的信息，我也能发现你的信息中的自我表达维度（其中隐藏着的情感和态度）。最重要的是，我会试图摘出这些成分，将它们放回原处，这样你就可以更直接地意识到它们、处理它们，从而更深入地了解自己。

这种积极倾听超出了治疗的概念，它对改善日常人际交往有着非常重要的意义。如果信息接收者在道出自己的心酸之前，首先站在另一个人的角度，并通过对方的眼睛来看这个世界（同理心），那么，他会感觉好很多（同情）。

需要注意的是，有时会出现与主动倾听相关联的沟通问题。那些接受过沟通培训的人会倾向于机械地使用，或者更确切地说，是“应用”这种行为——即使实际情况并不适合。每一种可以通过训练实现的行为都可能导致形而上学。

同时，佩克在分析一篇已经发表的谈话治疗案例时发现，其中的治疗师回应了咨询客户的绝大部分自我表达消息，同时屏蔽了关系和诉求消息。她对这种“减少”和“无关”的沟通持批评态度，并主张用全部的四只耳朵去积极倾听。

2.4 诉求耳朵

信息接收者有求必应。由于渴望取悦每个人，满足其他人的期望，许多信息接收者的诉求耳朵会变得格外敏锐。他们几乎听到了诉求维度的大大小小的诉求，并且有求必应。

于是，一点点小信号都可能成为诉求消息。例如，客人环顾四周，商家问道：“您在找什么？烟灰缸吗？稍等一下，我拿给您。”

孩子们表现得“有礼貌”，一般就会得到表扬。也就是说，孩子们会产生要讨好大人的感觉。对于平等的沟通而言，这并不好。具有超级敏锐的诉求耳朵的接收者通常很少考虑自己，也缺少接收自己的意愿和感觉的“天线”。

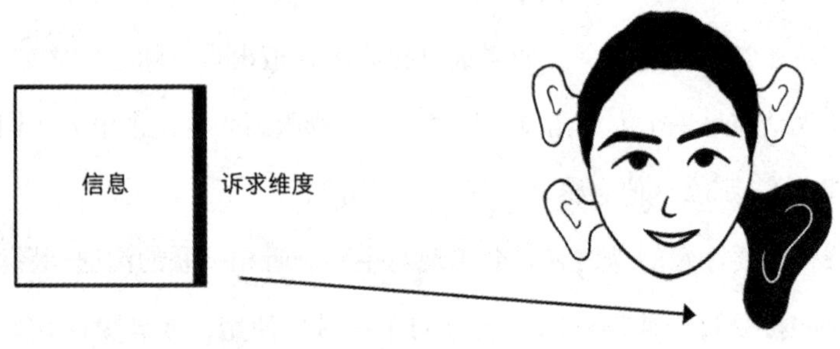

图22　信息接收者的“诉求耳朵”

当我高中毕业时，我已经能够熟练地注意到别人对我的期望。我会注意到每个开玩笑的地方，并在恰当的时候笑出来。单单为了找到“对的地方”我就已经精疲力竭了，已经没有精力再去考虑是否真的好笑。我也从来没有考虑过这一点！因为无声的诉求引出的自动反应并没有体现性格。

所以，人类心理学关注的是将自己从千篇一律的传统快速反应中解放出来，让反应不仅仅受到外在的引导，而且还能由内心发出，并且尽可能地充分体现自己的个性。但是，信息发送者可能对结果并不满意，但他会更加愿意见到面前站着的是一个人，而不是一台机器。

练习

和前面的练习一样，区别是接收者从诉求维度考虑，并做出相应的反应。

信息发送者	信息接收者
“你有兴趣练习吗？”	“哦，我们也可以跳过这个练习！”
“咖啡机里还有咖啡吗？”	“我马上重新泡一壶。”
“今天天气真好！”	“是的。”
“我们一边走一边喝咖啡！”	“我们可以喝完咖啡后一起去散步。”（发自内心的笑）

目的观察方法。在以目的为导向的最终观察方法中，诉求耳朵出现了全新的使用方式。借鉴阿尔弗雷德·阿德勒处理突然行为和疾病症状的方法，不停地问：“为什么？你为什么要说偏头痛？你希望对周围产生什么影响？”

阿德勒为我们打开了视野——许多显然（自我表达维度）受干扰的行为都有一个不明显的诉求维度，这个诉求会（无意识地）产生一定的影响。一个目的明确的敏锐的诉求耳朵可以意识到这样的过程，并且可以避免信息接收者受到控制。同时，也可以避免参与那些不自愿的“整人游戏”。

对功能化的怀疑。当接收者过度使用目的诉求耳朵时，他会将每一条信息和每一个行为都置于秘密的“计算”之下。如果有人在哭，接收者会说：“是他在按压泪腺。”如果事实维度、自我表达维度和关系维度的消息和诉求维度一致，我们就称其为“功能化”。原则上，每条消息都处于对功能化的怀疑之下。在信息的诉求维度章节开头，我将详细分析这个问题。

第三节　到达的信息：接收者的“粗加工产品”

正如我们看到的那样，信息包含所有四个维度上的各种消息，有些直接，有些间接，有些有意，有些无意。整个信息包都将到达接收者那里。但与通过邮件到达的信息不同，收到的内容与发送的内容会有不同。我们也已经了解到，接收者本身可以通过不同方式使用四只耳朵，从而接收不同的信息。

更重要的是，接收者往往会将某些信息（信息的某些维度或某些维度的信息）弄混，这是怎么回事呢？

为了实现沟通目的，信息发送者必须将他的思想、意图、知识，简言之，就是他内心状态的一部分转化为声音信号。对于这里的翻译活动，我们称之为编码。信号就是那些即将“登上旅途”传递给接收者的内容。但是，信号的意译却不能一同“上路”。接收者的大脑里随时准备读取信号代表的意义，这个过程被称为解码。这个赋予意义的过程很大程度上都依靠接收者自己。解码的结果取决于他（她）的期望、担忧以及以前的经历。总之，取决于他（她）个人。因此，可能会发生一些消息根本没有被接收的情况；或者接收者在信息中“提取”的内容超过发送者想要输入的内容（例如，接收者提取到了关系维度的责备，但是发送者并没有这个意图）；或者接收者感觉受到了攻击，但是发送者只是想让对话更有趣。总之，接收者接收到的消息反映了接收者个人的偏好、经历、思想。

下面的例子很好地展示了信息发送者和接收者之间信息完全不对称的情况。

图23　夫妇吃午饭场景

丈夫在吃午餐的时候问道：“汤里绿色的是什么东西？”

妻子：“你要是不喜欢吃，可以去别的地方吃！”

假设丈夫在这里只是单纯地想问一个纯事实性的问题（他不知道绿色的东西是什么），然后，我们可以通过对比发送和接收的信息来分析所描述的事件：

显然，妻子对接收到的信息做出了反应，她的回答只针对信息的关系维度，因此，误解立即变得显而易见。但是，从原则上来说，这个问题是可以解决的——即使妻子内心感到愤怒和受伤，但她仍然可以保持客观的心态，只要回答说“这是刺山柑”就可以了。

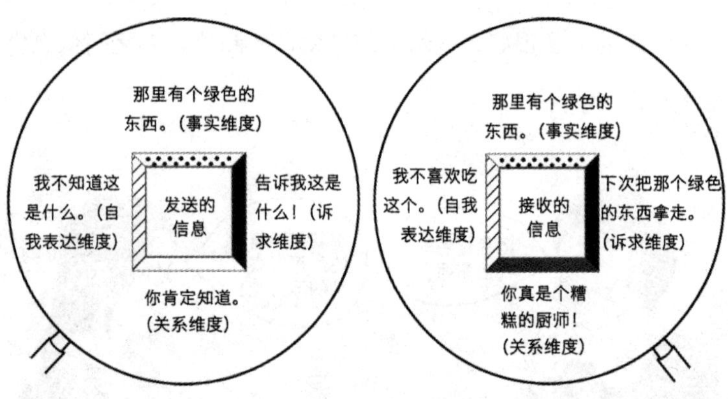

图24　面对面发送和接收信息的四个维度

不论是对于丈夫还是妻子，或者是任何第三方，误会都是显而易见的。丈夫如果再次询问：“我想知道这是什么东西？”那么，夫妻之间就有机会进行后续的元沟通。

然而，这种隐藏的误解经常无法解释，并且会成为影响关系的定时炸弹。隐藏的误解通常来自单方面的沟通（见图25）。

图25　被掩盖的误解：明确的事实对话（水平面上）持续进行，而难以澄清的误解（水平面下的“碎片”）则被掩盖

误解是世界上最自然的事情，它们几乎不可避免。因此，发送者和接收者不应该认为这是令人尴尬的事情。相反，他们应该在发现和讨论误解时提供自证“清白”的证据。要明白，谁是“正确”的并不是最重要的问题。可能两个人都是对的，只是发送者说的是这个，而接收者接收的信息却是另一个。

下面是关于接收错误的几个原因。

如果接收到的信息与原来的不同，那么原因可能有很多。如果发送者和接收者来自不同的语言环境，产生误解就再正常不过了。例如，不同层级的说话习惯会阻碍不同层级的交流——不止在事实层面，更重要的是在关系层面。

除此之外，我想提出三个经常充当干扰源的因素：接收者对自己的想象（自我概念）；接收者对发送者的想象；相关消息。

接收者对自己的想象（自我概念）。我们前面已经看到了灵敏的关系耳朵，因为接收者使用自己的自我形象作为解码传入消息的密钥（参见前文），所以那些不会过多考虑自己的人倾向于通过确认负面的自我形象来解码接收到的无害的消息。这里就产生了一个恶性循环：一个消极的自我概念总是给它的主人以负面的体验，又再次确认和固定了这种自我概念。

接收者对发送者的想象。“我知道他的意思，因为我了解他。”我们越了解某人，就越容易理解对方发送的信息的含义。通常，印象的形成基于相对较少的信息。首先，我们通过着装、性别、年龄和一些外在表现来获取对对方的一些不完整的印象。

其次，我们将采集到的信息分门别类，放进不同的“小抽屉”里，这些抽屉里包含着补充信息和各种猜测。最后，它们将帮助我们完善对对方的印象。

由此，对别人的印象为我们提供了解码信息的密钥。我知道这个信息是什么意思，因为（显然）我对他的一切了如指掌。

例如：在一次学校组织的旅行中，休息时，老师问他的学生：“你是哪里人？”老师认为这个问题既亲切又友好，而且是一个轻松的话题。如果这个学生被同学问过同样的问题，就会理解老师的意图。但现在，学生的大脑高速旋转：“他是老师，一个成年人！”于是，学生就用以下方式解码接收到的信息：

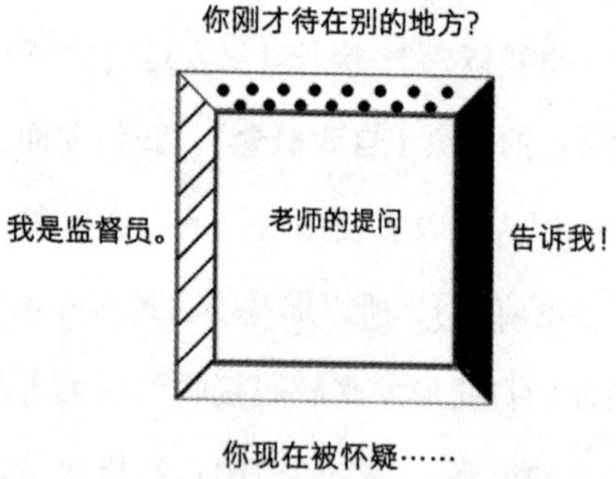

你刚才待在别的地方?

我是监督员。

老师的提问

告诉我!

你现在被怀疑……

图26　学生接收到的信息

根据他对成人和教育工作者的印象，学生习惯性地认为，这样的问题是为了刨根问底。并且，通常后面会伴随批评和命令。学生有些怀疑老师的意图，为了“武装”自己，他会这样回应：“怎么了吗？”老师会自然而然地认为：“这个家伙特别难接近！”

相关消息。当接收者正确地接收某个维度的消息，同时还要监听其他维度消息的时候，就会出现小错误。通常，这些小错误和消息核心有关（即相关消息）。

例如：一个请求（核心消息）通常和对之前没有做这件事的责备或呵斥（关系维度的相关消息）是联系在一起的。比如，“请打扫你的房间”的诉求通常会包含“你很久以前就没……”的指责——这就是接收者经常为诉求维度烦恼的原因之一。

因为这种相关性，只是想发送诉求而不发送责备消息，对于信息发送者也很困难。

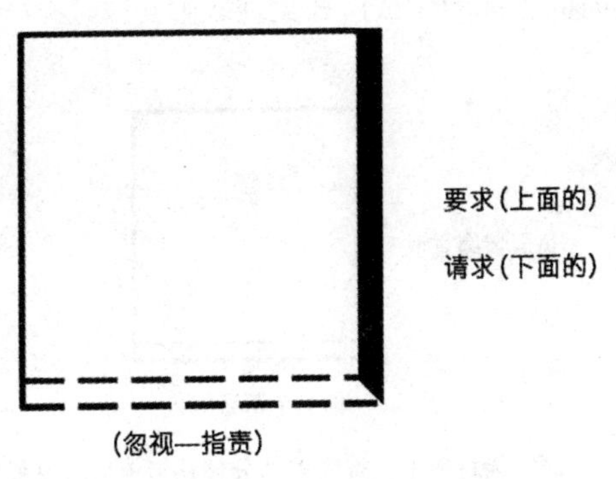

图27　要求中相关的关系消息（虚线部分）

一位学生在地铁里和一位带着狗的女士相邻而坐。狗嗅了嗅学生的腿，可能还舔了一下。学生对狗的举动非常敏感，他要求女士让她的狗离自己远一点儿。女士很生气，因为她在关系维度上听到了这样的消息：“你怎么这么不顾别人的感受，让你的狗离我这么近！”

另一个例子：对方的行为引发的负面情绪通常伴随着关系维度认为对方有责任的消息——“你让我很生气！”（你竟然这样对我，你这个坏人！）

毫无疑问，接收者几乎是自动接收到关系维度对他的控诉，即使发送者并没有这个意图。“我很难过，你没有来！”这句话可能不包含任何责备的意思，仅仅是一种自我表达而已。如果接收者的自我表达耳朵能够接收相应的消息，他就能安心地对待这个消息。但若是他错误地理解成：“你怎么能这么对我？”他就会过度反应并且展开自我防御——“我的上帝，我的生活不只有空闲时间，你为什么这么无理取闹？”

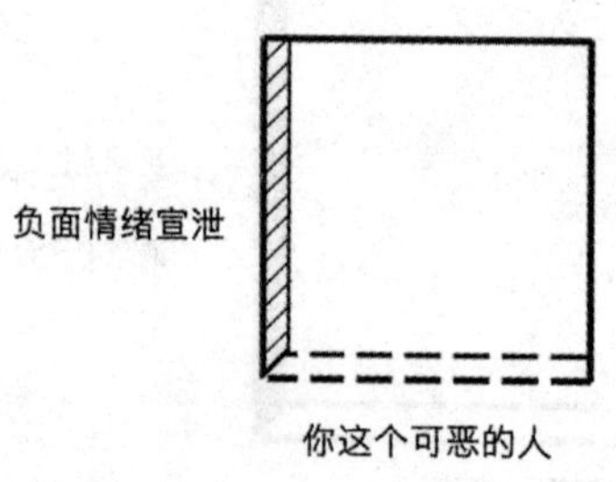

图28 在负面情绪宣泄中，将错误部分转移给谈话对象可以看作相关消息

诉求往往与消极情绪的表达有关。“我感到很孤独”这句话里通常包含着“不要离开我”的请求。同样，当接收到对方消极情绪表达的时候，接收者通常认为需要提供建议或帮助。但如果这种请求让他不堪重负，他会用轻微的拒绝或廉价的安慰做出回应（“你不要乱说，它没那么糟”）。这时，诉求的压力就

会影响自我表达耳朵的积极倾听。相关诉求往往根本不是“帮我一下”，而是“听我说”。

因此，如果信息发送者想要打破相关性，就会让沟通变得异常困难。而没有元沟通，就谈不上沟通。

举一个元沟通的例子。

“当我说我很失望的时候，并不是说这是你的错。我只想表达我目前的感受。”经过这样数次的元沟通后，相关性就可能会被打破。然后，发送者就可以单纯地表达个人感受，而接收者则不必用过于灵敏的关系耳朵来接收信息。

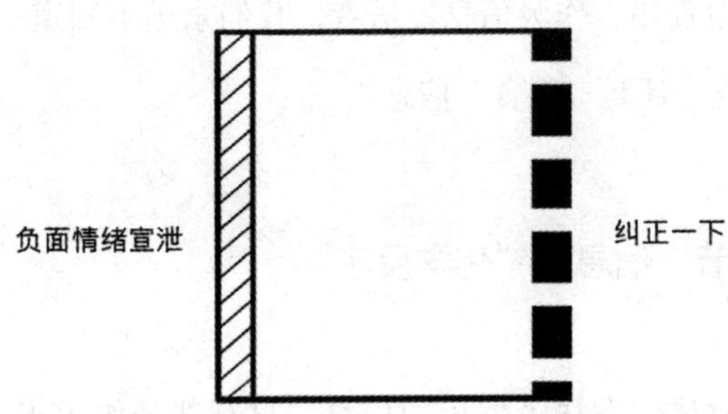

图29　假想的纠正诉求可以看作负面情绪宣泄的相关消息

第三章　与接收结果的邂逅

我们发现，收到的信息也会经过接收者的加工。更重要的是，这可以看作接收者对接收到的信息的内心反应。

从某种意义上说，信息就像蘑菇，是否有毒取决于是生吃还是煮熟后食用。作为信息发送者，我们永远不知道——接收者是“生吃”还是“熟食”信息?

第一节　信息的“化学反应”

很多时候，发送者发出的信息，只有部分作用于接收者。也就是说，接收者选择性地部分接收。信息的内部反应可以看作一种交互产物，即种子（发送的消息）与接收者的精神土壤的交互产物。

我们可以换一种比喻，在化学反应中，有一种虽然少见但非常著名的现象：当两种无害物质结合在一起时，会变成一种极具爆炸性的“化合物”。

我们可以按照前面的比喻想象交流的过程：信息“产生影

响”是两种“物质”相遇发生的心理“化学反应”。例如（见图30），接收者受到批评，他坚信，犯错误是不好的，也会对自己产生负面影响，对自己的质疑以及内心受到的打击就会发生心理“化学反应”，然后“爆炸”。

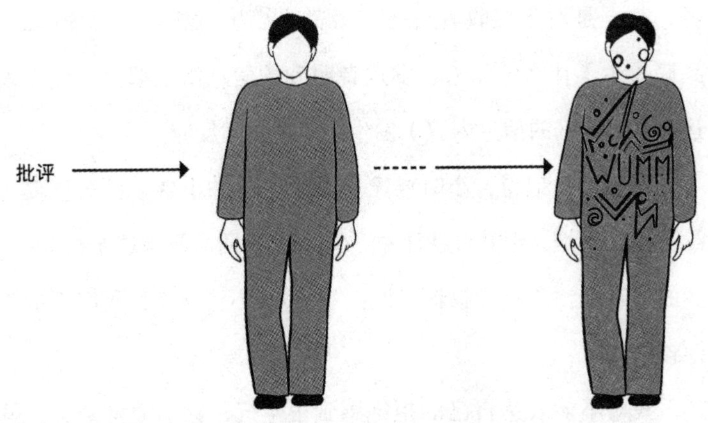

图30　信息接收者内心发生的心理“化学反应”示例

如果另一个信息接收者同样受到批评，但他并不认为自己犯了错，并且自尊心没有受到打击，那么，这种心理“化学反应”就会比较温和，且不会产生任何严重的后果。

艾利斯尤其看重这种内心信念的作用。当我们心中存在如图30所示的想法时，会决定我们对发生之事的情绪反应。作为一名心理治疗师，艾利斯首先指出了非理性信念，我们或多或少被别人灌输过这种信念，并且形成神经反应。这种被灌输的错误信念如：

“每个成年人都必须被周围所有人所喜爱或欣赏。”

“只有一个人有能力、干练、取得了成绩，才是有价值的。”

艾利斯的治疗旨在让咨询者认识到这种错误信念，使用实际信念取而代之，使“内心独白”理性化。

隐藏的关键刺激。有时，接收者做出的反应对于信息发送者，甚至是对于接收者自己来说都是出乎意料、不可理解的。到底发生了什么？原来，发送者明确的信息组成部分（或在表达时并不明确的信息内容）发生了心理化学反应。

例如，我记得，小时候家里发生了一件小事。我的叔叔递给了我一支烟，但我坚决不抽。在我准备回应叔叔这个行为时，我的母亲干预（对我叔叔）说：“不，请不要这样！我们不希望他抽烟！”

我对不能表达自己的拒绝感到很生气，甚至觉得羞耻。虽然我和母亲的意见一致：不抽烟，拒绝接受香烟。但是，因为我的情绪不合逻辑，所以当时我并没有说出来。从现在的观点来看，一切都很明了，在妈妈传递的信息中，关系维度的一个小小的伴随消息是我反应的“关键刺激”，也就是关系消息——没有我的帮助，你就无法抵御世界上的诱惑！她的善意干预实际上影响了我的表达自主权。

同样，心理学家在对“酒吧和监狱的年轻人”的研究中认为，少年对“和平公民”的看似“无动机”的攻击往往是由极小的信号引发的。不当的体态或手势以及“轻蔑”的一瞥，都会被青少年当作在羞辱自己：人们的手势和面部表情是让年轻人真正意义上“爆炸”的信号，它们是点燃攻击行为的火花。而且，有时就连不当的“穿着打扮”都会被看作挑衅，因为它唤起了青春期的自卑感。

这里，我们将沟通心理学案例（或者所谓的神经病）或行为干扰理解为人际互动的结果，而不是个体特征或者性格特点。在沟通心理学放大镜下，可以揭示这种隐藏的关键刺激。

第二节　信息接收的三个过程

从前面的例子中可以看出，信息接收者的内心反应有三个不同的过程（见图31）：

感知：看到（如注视）或听到（如，提问：“汤里那绿色的是什么东西？”）的内容。

解释：赋予感知意义。例如：将注视理解为“轻视”或将对绿色东西的提问视为批评。解释可能是对的，也可能是错的。

请注意，不要避免解释。这既不可能也不可取，因为只有在解释后，才有机会理解“事实”。要意识到，这是一种解释，因此可能有对有错。

感受：用个人情绪回应感知和解释的内容，其中个人内心的“土壤条件”决定了什么样的情绪可以被触发（例如，面对“轻视”时的愤怒）。这种感觉不是判断对错，而是事实。

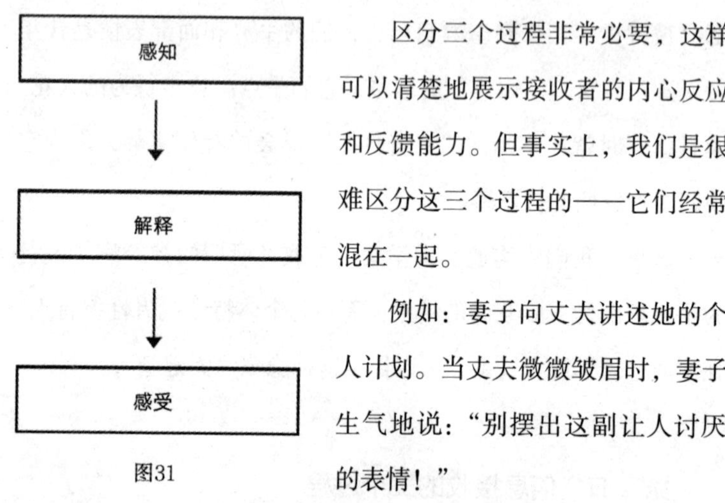

图31

区分三个过程非常必要，这样可以清楚地展示接收者的内心反应和反馈能力。但事实上，我们是很难区分这三个过程的——它们经常混在一起。

例如：妻子向丈夫讲述她的个人计划。当丈夫微微皱眉时，妻子生气地说："别摆出这副让人讨厌的表情！"

妻子的反馈是感知、解释和个人感受的融合产物（见图32）。

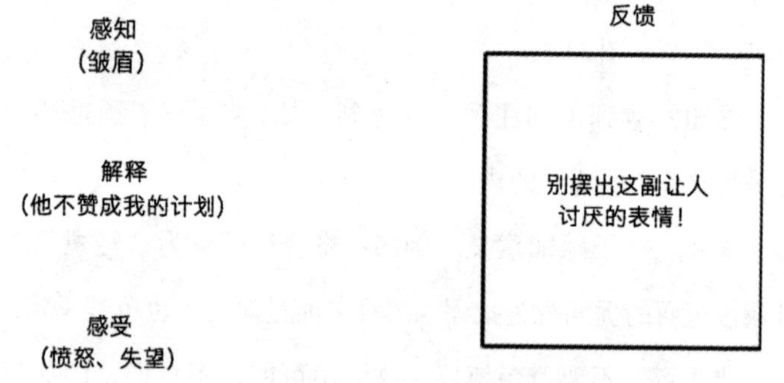

图32　信息接收者的三个反应过程融合在一起产生反馈

为什么内部反应过程的顺序如此重要？因为接收者意识到，他的反应始终是他自己的反应，拥有强烈的自我意识。所以，他从思维的起点检验自我意识："你皱眉表示你不赞同我的计划？"

然后，丈夫就可以确认（"我赞同你的观点，我很喜欢"），或者纠正（“我想我们还需要一辆车，我还没有预约”），甚至抬头看着妻子（“我不太确定，但是我可能有点儿失望”）。

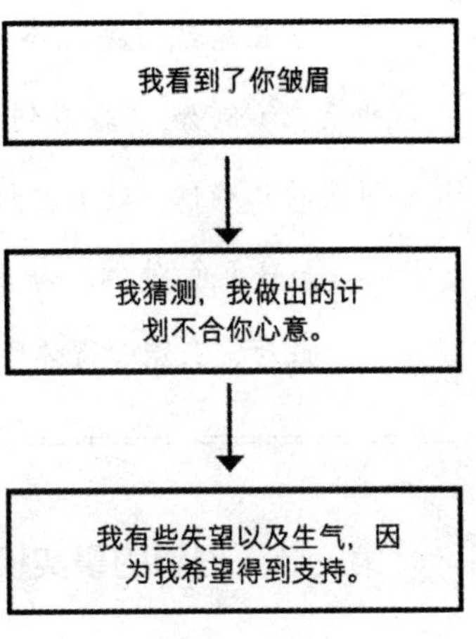

图33

我认为，分析内在的三个过程是非常好的沟通练习方法。

描述的三个过程是“意识轮转”最重要的元素，正如米勒等人所叙述的那样。他们认为弄清内在过程是人际交往的必要前提，并将重点放在“人际沟通”上。

任何沟通的第一步都是弄清楚：我想告诉别人什么。在（个人）人际交往中，这些往往是关于自己的信息，但通常人们也很难弄清楚自己表达了什么。

练习

（两人一组）：A和B面对面。在第一轮练习中，A对B发出一分钟的感知（例如，“我看到你向下看”，而不是“我看到你好像很悲伤”。）；然后A与B角色对调。

在第二轮练习中，A向B表达感知（例如，“我看到你在笑，我猜你有点儿尴尬”。）；然后A与B角色对调，每个人进行一分钟的解释。

第三轮练习是三个过程：感知—解释—自己对它的反应（例如，“我看到你平平的头顶，我猜你很重视事实的正确性，我有些讨厌它，或它很吸引我”。）；然后A与B角色对调，每个人发言时间为一至两分钟。

最后，交流心得体验。

第三节　幻想的事实检验

随着时间的推移，我逐渐意识到，我对他人的反应并不是真实的，而是我对他的幻想：“他看起来很累，我现在不应该给他添麻烦。”

在上述三个过程的第二个（解释）过程中，对他人的幻想会影响接收的信息。我这里说的“幻想”（而不是“解释”）指的是，我对对方思维和情绪的猜测并非基于明确的感知。

改善沟通并不是尽可能地消除幻想。相反，这既不可能也不可取。我发现，分析幻想以及了解如何处理幻想是非常有用的：

首先，对对方的幻想由我产生。

其次，它们可能准确，也可能不准确。

最后，有两种方法可以处理幻想：保留幻想并指导自己的行为，或者传达幻想并检查它们的真实性。（“我猜你已经很累了，所以现在不想谈论财务状况，是吗？”）

一旦位于沟通的岔路口，幻想就是一个重要的思考切入点。

但对像我这样的个体而言，联系和孤立是决定性问题。通过想象我的幻想是准确的，并维持或切断联系，在自己幻想的牢笼里保持孤立。许多人都无意识地被困在这个牢笼里（被“肤浅”的关系所伤害）（见图34）。

图34　许多人都被关在自己想象的牢笼里，与其他人孤立

这种方法的致命缺点是，不准确的幻想不能被修正，每一次都必须证实一下。另外，根据预言自我实现模式，这种方法会导致一个不好的事实。例如，有人拜访邻居时，看到邻居不那么热情的表情，进而猜测：“我肯定打扰到他了！”这种幻想会影响他的行为——小心翼翼，敷衍了事地短暂拜访。

如果这种情况重复多次，邻居们就会感觉受到打扰，因为他不能将拜访和舒适快乐的聚会联系在一起。可以说，这是一个预言自我实现的恶性循环。我发现，这个消极情绪的“秘密导演”对我们的生活和命运有着深刻的影响。

幻想是沟通的桥梁。令人惊讶的是，我们可以有很多种方法处理幻想，可以用许多不同的材料建造妨碍彼此沟通的牢笼或有助彼此沟通的桥梁（见图35）。

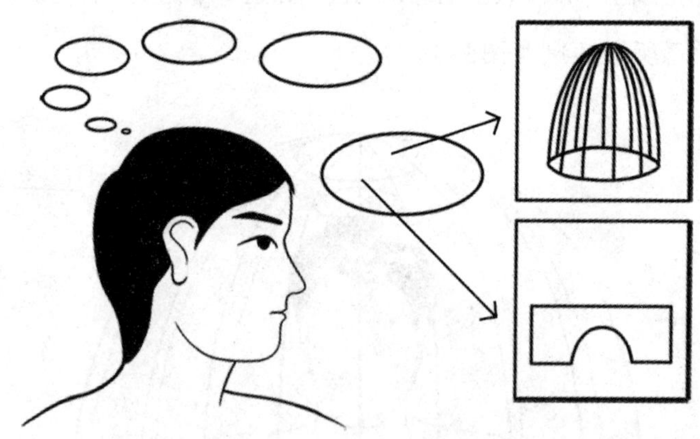

图35　对于交际对象内心反应过程的想象既能够编织牢笼，又能够搭建“交流的桥梁”

有一件事令我印象深刻：一位瑞士的同事来到汉堡，我们约定为学生开一门课程。当我们在河边散步的时候，他突然说：“我想谈一谈我对你的思维和情绪的幻想，我感到很不安，我希望你告诉我这到底是什么？”

然后，他进入我的角色陈述道：“现在，克里斯托弗来了。我们之前约好了由我开设一门新课程——虽然是很久以前的事了，我现在仍然觉得自己被这个约定束缚着。实际上，我很讨厌把我的计划告诉他（或者考虑他的观点）。我觉得在这件事上我能做主。我害怕他把学生带偏。”

对于这些内容，他已经“幻想”了很长一段时间。这一次，他和盘托出，向我表达了他的种种希望和担忧。

我认真地倾听，并意识到，尽管我自己没有说明，但他的担忧是准确的。毋庸置疑，这种“联系”让我们的沟通变得更加紧密。

有时候，我也会遇到反对意见：“但是，如果不好的幻想被证实，又能怎样呢？坦率地说出来反而会让事情变得更糟！”这其实也是一种幻想的牢笼。

很多经验都告诉我们三件事：首先，不说会增加沟通的负担（彼此间隔着厚厚的空气）；其次，未表达的情绪会变成伤害内心的毒药；最后，表达情绪可以改变情绪现实，只有表达了仇恨、愤怒和厌恶等情绪，才能再次感受到爱——爱的容器经常会被未表达的负面情绪所堵塞。我们必须常常疏通、清理这些情绪，然后一些情绪可以再次进入、流通。

补充一个处理幻想的准则：我的幻想是否准确，只能由对方决定。我不是他人内心世界的专家，我可能不知道他真正的感受和想法。任何形式的“我比你更了解你自己”都会损害沟通，造成不必要的心理恐慌。

练习

回忆一个给你留下“坏”感觉的人！

•进入这个人的角色，并表达（以第一人称形式）他对你的看法和感受，可以自由地幻想。

•思考是否可以检查（你的）这些对现实的幻想，如何检验？

•如果你“敢”的话，你在那次对话中收获了什么经验？

第四节　信息接收者的责任

从前面的分析中可以看出：信息接收者对信息的反应在很大程度上是他自己的“成果”。因此，接收者应该对自己的感受和反应负责，而不是使用“看看你都做了什么”的口头禅给发送者施加压力。

这种责任不仅是事实要求，而且能在很大程度上促进沟通。因为如果信息发送者认为接收者是罪魁祸首，自己是可怜的受害者，那么就会很容易导致人际关系“诉讼”——谁应该责备谁，谁是对的？

这就是为什么如果存在高度的自我表达，反馈就会给促进沟通提供机会，就有机会改善反馈中的沟通。“你侮辱了我”或者“我感到受伤了”这两种表达大有区别。在第一句话中，接收者假定他成了不好行为的受害者，并否定自己的感受表达；在第二句话中，他直接告诉了发送者，肯定了他受到伤害的事实。对于“这与我有什么关系，与你又有什么关系”这个问题，答案是开放的。

第一人称消息。这种高度的自我表达的消息被称为“第一人称消息”。第一人称消息揭示了个人的内心活动。与之相对应的第二人称消息是关于另一个的陈述。

大多数情况下，从个人情绪（例如，“我感到被忽视”）到对对方的陈述（例如，“你真是不管不顾”）都有一个闪电般快速的编译过程。第二人称消息不仅会让对方感受到攻击性，无法为自己辩解，无法解决问题，同时还会使发送者的内心变得更加不清晰：

“如果我认识到‘你真愚蠢、善良、软弱、精神分裂、有合作精神’这种话和‘我不同意、我很感兴趣’这种话是一样的，并不一定包含对我的评价时，我对自我意识的感知就会变得更容易。通常可以在谈话中明确哪部分属于我，哪部分属于其他人。”

第二人称消息不利于诊断或解释。因为你建起一道围墙避免受伤，但同时它也会阻止你进入人际关系。

因此，心理诊断可能对，也可能错。任何情况下，对方都无法接收这种伴随消息（“我知道你怎么了”）。

很明显，反馈就像任何信息一样——有四个维度。接收者（传递反馈的人）指明事实。更重要的是，他传递了自己的一些事情，即他如何对信息做出反应，他向信息中融入了什么，信息对他产生了什么影响（自我表达维度），接收者表达了对发送者的看法（关系维度）。另外也会在反馈中表达改变或维持状态的请求，因此，反馈也具有明显的诉求特性。

练习

回忆一下你认识的三个人：

•用两个相反属性的形容词（积极和消极）形容对方。

例如：奥托叔叔——友好、不守时。

•将你自己的话（第二人称消息）转换为“真实的”第一人称消息。

例如：友好——我觉得奥托叔叔对我很包容；不守时——我已经因为他迟到生了很多次气。

我们现在可以完善图4的沟通模型，加入同样有四个维度的反馈，并且区分发送和接收的消息（见图36）：

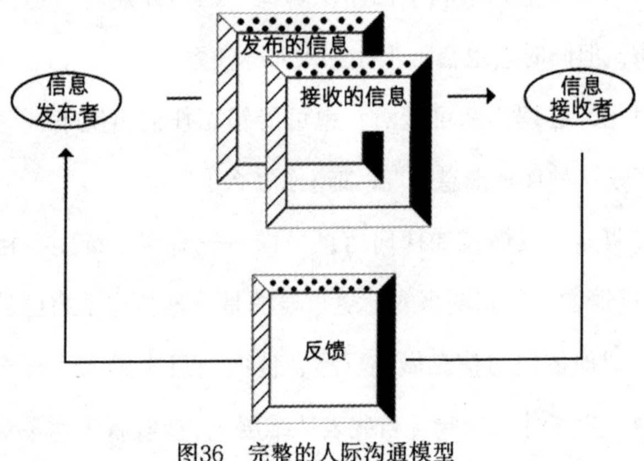

图36　完整的人际沟通模型

第四章　互动

我们现在可以使用沟通心理学放大镜观察信息——即最小的沟通单元。在本章中，我想稍加扩展——一个人表达一些内容传递给另一个人，沟通并没有因此结束，相反，这时沟通才刚刚开始！接收者做出反应，成为信息发送者，并发送信息（反馈），沟通双方相互影响。我们将这一过程称为互动。

第一节　个体特性与互动结果

根据日常观点（日常生活心理学理论），我们寻找并发现了个体行为的决定因素。我们会说，有人傲慢自大，有人乐于合作。又比如，恩斯特是个话痨，瓦尔陶德非常强势，米米则软弱没主见。在心理学影响下，我们习惯性地将这些个体特性看作过去交流经验得出的结果，而非对方天生或遗传的特性。

因此，我们经常会产生一些既定的观点：米米软弱没有主见，因为她有一个强势的父亲，压制了她的性格发展，阻碍了她的身心成长。现代沟通心理学则更进了一步，它将个体特性视为当前沟通关系的关键。现代沟通心理学认为：一个人在人际关系中表现出这样或那样的特性，通常是至少两方面作用的结果。米米表达出她的软弱是因为对方展现了一个有能力帮助她、支持她的“父亲的形象”。因此，当个体遇到困难时，心理学家永远会首先观察沟通的另一方。

让我们通过一些例子练习一下。有人喜欢说话，那么，谁会怀着无比的耐心听他讲话呢？是的，只有对方表现出倾听的意愿，他才会说个不停。有人表现得很强势，那么，谁甘愿被对方压制呢？可有人认为一切理所应当，那么，显然存在为他奉献一切的人。

“我邀请他做客，你猜怎么着？他理所应当地带着他的狗登门！他很清楚，我家新铺了地毯，并且我对狗毛过敏！”理所应当的态度通常反映出对方是我的对立面。面对对方的拒绝，不妨声明自己的利益。

因此，沟通心理学对于人际沟通过程的观点是：沟通是至少有两个参与者的互动行为。

这种观点表现为去个体化和去道德化。去个体化是指人际行为方式不在于首先从个体特性角度解释，而是从当下互动中的不成文规则角度分析。旧观点认为，沟通中总是存在一个“罪魁祸首”和一个“可怜的受害人”（话痨真是让我烦死了）。但是，如果一方认定自己是“可怜的受害人”，那么对方就是“可恶的坏人”。

然而，这种道德判断是不恰当的。这就像一个角色扮演游戏——可怜的受害者必须维持他的形象。

图37完美地展示了上述思维过程：

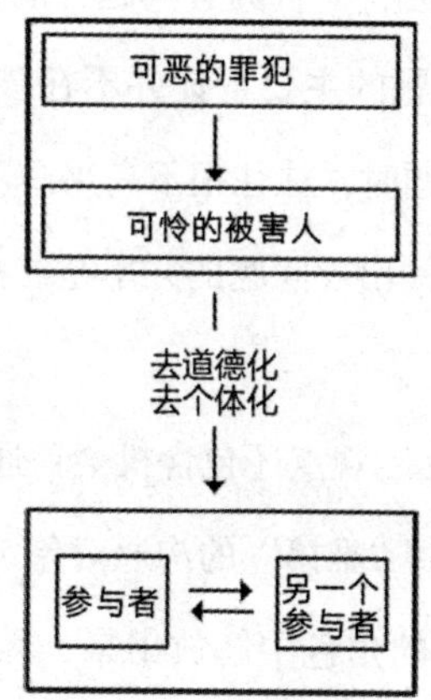

图37　旧的（个体和道德角度）观点和新的交际心理互动观点

见识了“难沟通”的对象之后，我们现在应该能够看到维系一段关系的困难之处，并试着去寻找自己的责任：

他是一个话痨。	为什么我不敢打断他？
他很强势。	为什么我要受他压制？
他软弱没主见。	为什么我总是被他引导去帮他？

对于一些人来说，这种观点可能很奇怪，并且让人不舒服。他们曾经只看到对方的问题，现在也应该把自己的“责任”考虑在内，或者确切地说，是他们自己对这场闹剧的推波助澜。在一开始，这个想法可能会给自己带来负担。按照心理学理论，

专家们还必须考虑到，在逐渐偏离心理咨询，反而去“治疗”另一个人时，会存在一些阻力。

家长或老师往往会将“行为有问题”的孩子交给心理学家。但是，当他们得知问题的主要责任并不在孩子，而是亲子间的沟通“系统”出了问题时，往往很不高兴。

根据上面的观点，出现问题的并不是“症状携带者”，而是整个关系的互动网。

除了“负担”，互动观点还包含机会：通过自己的努力获得了更多能力，不再任由“难搞”的沟通对象（话痨、强势、软弱）摆布；同时从受害者的角色中解放出来，减轻了责任，虽然道德优越感仍然存在，但是不会继续膨胀。

在真正的互动关系中，这种观点又如何呢？例如，我难道就不是上司那叫人难以忍受的暴脾气的受害者吗？显然，在这个互动过程中，对话者之间是不平等的。尽管如此，经过大量观察，我们发现，几乎只要有人踢球，就会有人提供球场。

第二节　加标点：谁先开始的

即使使用了错误的观察方法，成了推波助澜的“受害者”，人们通常还是会思考：“到底是谁先开始的？”瓦兹拉威克讲过一个著名的例子：一对夫妇正在争吵，妻子不停地抱怨，相反，丈夫却不停地退让（见图38）。

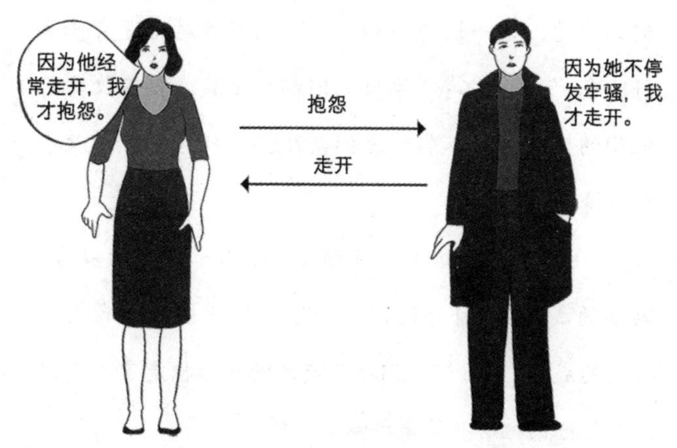

图38　男人和女人在互动中的侧重各不相同

对发生的事情，丈夫和妻子的解释各有不同。丈夫认为：“因为她不停发牢骚，我才走开。”而妻子认为：“因为他经常走开，我才抱怨。”双方都根据对方的行为来解释自己的行为。

瓦兹拉威克认为，正是由于“加标点”的位置不同，才产生了不同的解释结果。所谓的“加标点”指：任何行为都可以引发另一种行为。

总是将自己的行为看成结果，这似乎是人类的特性。这在很大程度上解释了一个奇怪的事实，即在冲突中，每个人都认为自己是正确的。

以下是一些典型示例：

• 一名新员工犯了错误，让部门损失惨重。部门内部各种窃窃私语，气氛压抑。同事：“因为她没有问我们的意见，把一切都搞砸了，我们当然对她没有什么好脸色。”新员工：“因为他们都排斥我，我不敢询问他们的意见，更不想听他们阴阳怪气的腔调，所以才把事情弄砸了。”

•在一个工作组中，有勤奋的成员和懒惰的成员。勤奋的成员：“因为他们太懒了，把一切推给我们。”懒惰的成员：“因为他们把所有的活儿都抢走了，我们只能让他们把所有的事都做完了！”

•课堂气氛不好，老师不停抱怨，学生们无精打采。老师：“因为你们这么无精打采，我才一直抱怨。”学生们：“因为他不停地抱怨，我们才不想听课。”

有关谁先开始的问题，其实与“鸡生蛋还是蛋生鸡”的问题一样令人无法回答。根据系统理论观点，沟通是循环的，没有开始。因此，元沟通不应该追责，而应该认识到两人都有责任，并且要重新定义两人的互动（这是我们共同的责任），一个人对另一个人做出反应，反过来，他也受到对方的影响。

第三节　系统理论观察法

系统理论观察法的基础是：假设“沟通受到干扰”与个体特性并无直接的关系，而是受到沟通双方争吵方式的影响。这是一个“超和”方程式:1+1=3,即沟通是一个“超和”的结果,而不是沟通参与者各自反应的单纯相加。

简而言之：对于汉斯和列娜，如果你只认识他们中的一个人，那么很难猜到他们的个性会“发生冲突”。如果他们中的某个人生病、沮丧，与其使用放大镜单独观察其中一个人，不如观察二人的沟通方式（见图39）。

下面的例子证明了,一个人的“干扰”是维持关系的“有效”手段。

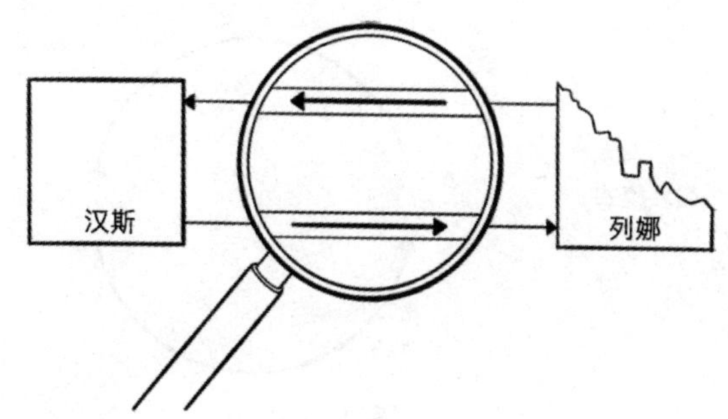

图39　系统理论观察法：如果干扰单独的个体，通过放大镜可以发现整个互动方式都被改变，而非只是单独的个体

事实上，在一个平稳的沟通系统中，某些参与者的“病症”是保持沟通平衡的先决条件。

系统理论观察法更多地关注沟通元素之间的关系，而非元素本身的属性。这种观察法会产生一种循环，即相互影响。谁先开始的问题毫无意义，只能导致断章取义。这种方法消除了道德视角的指责，消除了对责任和权利的追问。例如，萨尔维尼等人描述的班级问题：

班级中同学之间的关系，就像互动系统中的所有关系一样是循环的，一系列事件和后面的反应不可分割：原因和结果、挑衅和被挑衅的行为任意排列。如果班里某个同学认为A的行为由B的行为引起，说明他不想接受B对A造成的影响。于是，我们不得不一直向前“滚动”这个循环圈。而在这个模型中，根本无法探究到底是谁先开始的。

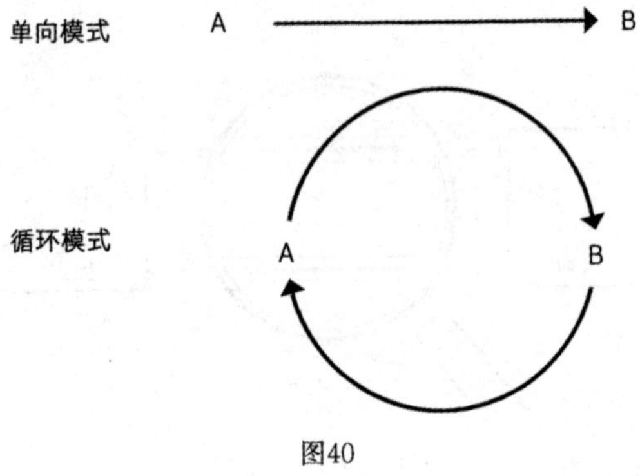

图40

当然，系统理论观察法不能绝对化。一个人如何沟通和表现，体现了什么特点和内核也是变动的，没有唯一的解释。可以想象，在交互结构中，个体特征和个性取向都是相互碰撞的。当然，等式“1+1=3”还体现出，等号右边的总和也包含了左边的两个加数。

练习

•回忆一下你曾经遇到过的难沟通的对象，你们之间发生了什么事？分析你的什么行为导致了对方的不当行为？你们都是怎样相互影响的？

•你认识的哪个家庭（团队）里有一个“问题小孩”（被认为是有问题，或者行为让人难以接受）？应用系统理论观察法自问自答，如何从关系角度去理解他们的行为？

第五章 元沟通

心理学家认为，除了元沟通，没有任何其他方法可以纠正受到干扰的沟通。元沟通是关于沟通的沟通，即作为发送者，如何发送信息；作为接收者，如何解码并回应接收到的消息。在元沟通中，沟通双方分别站在两个对等的“指挥台”上展开讨论，这样可以远离已经纠缠在一起的“斗争”，并且不再（顽强地）让自己站在道德制高点上（见图41）。

图41　元沟通的“指挥官小丘”：信息发布者和接收者按照其相处的方式进行对话

尤其不应该让人们误认为，信息发送者和接收者是站在远离问题中心的“瞭望台”上“科学地”分析整个事件。例如：“我认为，我更倾向于对你的间接信息中的非语言成分做出反应，我在关系维度上的解释与你不同。”这将是一种学术上的理想化的元沟通，并不能解决实际问题。

但是，我们在分析信息的四个维度、信息的接收过程和系统理论观察法时，最得力的工具就是元沟通。

我们运用元沟通辅助自我感知，以便更全面地了解内心和人与人之间发生的事情。如果我们要创造一个新的表达方式，同样需要元沟通。良好的元沟通首先需要对内心世界的深入了解和自我表达的勇气。之所以需要勇气，是因为人们经常会不可避免地谈及一些尴尬的现实主题。

以下是一些关于元沟通的引用：

> 元沟通是所有成功沟通的必要条件。
>
> 似乎没有一种沟通行为能像关系对话或明确的元沟通一样，对人们来说如此陌生。它让人们觉得既畏惧，又自由。
>
> 明确元沟通其实并不常见，人们对此（开诚布公的相处方式）感到羞耻。如果下一代能把它当作习惯，这简直是人类的一次进化。
>
> 在我们看来，解决学校中因为关系问题导致内容

传递受阻的唯一出路，就是通过亲身感受受到干扰的关系，然后进行纠正，正所谓“不入虎穴，焉得虎子”。也就是说，必须了解关系的定义和问题，并且进行分析讨论，这样就不会无助地接受对方对自己的影响——这就是元沟通。

这就是元沟通，她能让我们

在混乱的时刻

以及紧张的情况时想到

她让我们跳出场景，共同讨论，我们该如何相处

图42

从上面的引言中，我们一方面可以体会到那些体验过元沟通的人的热忱。他们曾经（惴惴不安，害怕大家的嘲笑或贬低）通过说出问题，找到了“事情的真相”，避免了一次激烈的争吵。

而不是像以前一样，一面默默地屏蔽交流的不适感，一面还要强颜欢笑。

另一方面，我们无法保证元沟通不会出现错误。只有在沟通干扰扩散至各个维度的情况下，沟通咨询才会有作用。咨询师会帮助你梳理信息和四个维度，并提供有益的互动模式。

下面是一个工作团队中元沟通的例子。沟通不畅的起因是“对能力的怀疑”——这在团队中很常见，当一个人被随机分配到一项难以完成的任务，成为“冤大头”时，同事们会看似严肃实则戏谑地赞美他，说他的能力刚好胜任这个任务。

A：“我不确定我是否对你的赞美感到高兴。你们遇到一个傻瓜时也会这么表扬他吗？”

B：（笑）“你是在说你自己吗？”

A：“你觉得呢？”

B：“哦，不是这样的。当我们说‘你特别适合这份工作’时，其实是在激励你。就好像是向一个人调皮地眨眨眼，这可不是嘲笑你。”

A：“我可能是太较真儿了，但是这的确让我有些生气。”

C对A：“我很高兴你提出来。我们经常用这种方式来开玩笑，虽然我也觉得不太好，但我经常这样做，比如前几天……”

练习

元沟通入门练习：下次如果你有机会和一个人进行深入沟通，不妨做一下记录，并回答下面的问题：

在谈话中感觉如何？

产生这些感受的原因是什么？

我清楚我的请求吗？

我传达的“消息”是什么？我传达过去了吗？

如果要用最直接的方式表达，我会说什么？

什么妨碍了我的信息传递？

沟通后我最想丢掉什么？

对方会记录下来什么呢？

第二部分

人际沟通的“四个维度”

在第二部分，我们会再次从信息的四个维度出发，讨论一些与之相关的、每个人都可能会有的心理问题。与建立系统的第一部分相比，读者在该部分可以选择感兴趣的部分阅读，而无须严格地按照顺序阅读。

第二部分的结构总结见图43：

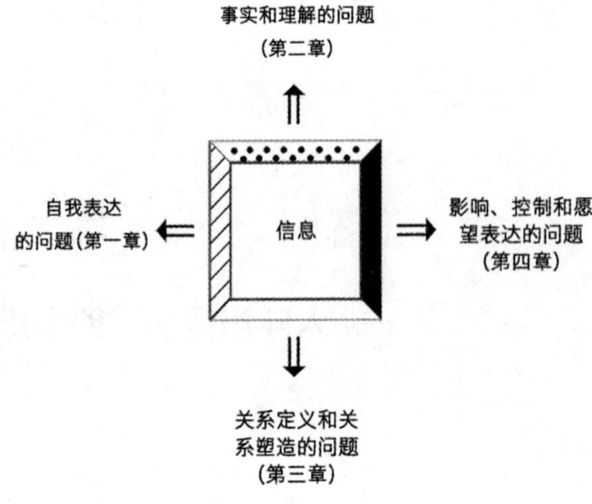

图43　第二部分基本框架

第一章　信息的自我表达维度

我说的话都是在表达自我。每条信息都包含自我表达维度，这是一种普遍存在的现象，我们说的每一个词都是自白，每一句话都能透露自我的性格。这种自我表达或多或少是有意识的自我流露，或多或少可以反映丰富的内心活动，触及心灵深处，同时还带有伪装和隐藏，但自我表达不可能不存在于其中。

我一次又一次地感受到，仅仅是“自我表达”这个词，就能引发严重的混乱和抵触：“这样仿佛是将自己的内心剖开，然后公然进行展示。”事实上，处理这个维度的消息需要消耗发送者和接收者的很多精力。所以，这个维度在心理学上颇受争议。

我主要想从信息发送者的角度展示一些自我表达维度产生的沟通心理学问题。

信息发送者使用敏锐的自我表达耳朵“看”到了接收者（对比第一部分图20），同时也面临着一个令人焦虑的问题：“我在他眼中是怎样的？”我们将在后面讨论这种几乎无处不在的对自我表达产生恐惧的现象。

说一句题外话，恐惧的起源可以追溯到婴儿时期。那么，问题来了，信息发送者该如何处理对自我表达的恐惧，可以使用哪些自我表达的技巧以及克服恐惧的方法呢？

我会讲一些自我表达的技巧，并且证明如果信息发送者对自我表达维度过于恐惧，就会为塑造个人形象耗费大量精力（本书第二部分第二章），这种精力的浪费会对人际交往带来巨大的负面影响（本书第二部分第三章）。那么，此时我们又该如何选择？我将在第二部分第四章提出并讨论沟通心理学的一些能够加强理解的方法。

事实证明，如果发送者首先成功地进行自我表达，就会自然引导出“做自己”的诉求。换句话说，为了让其他人能够理解我，我必须首先了解自己，不停地探索、发现新的自己。虽然这样的目标有些“乌托邦”，但至少让接近自己成为可能。于是，便引出了自我认知方式的问题。

第一节　自我表达的恐惧

在以自我表达为中心的沟通中，信息发送者的情绪压力变化最明显。例如，鉴定。

在这里，自我表达耳朵会对发送者的信息进行评估，你说的话体现了怎样的个人情况、个人能力和认知水平？发送者由此会产生恐惧，即对鉴定的恐惧：“对我的评论是好是坏？”虽然鉴定、面试和心理鉴定都特别强调自我表达，但其实日常生活中传递的信息也包含这一维度，因此，我们在所有人际交往中都会产生对鉴定的恐惧。

这种对自我表达的恐惧源于对他人负面评价的想象，作为信息的发送者，你的沟通对象就好似最严苛的法官。

因此很多人不愿开口说话。一项对汉堡学生的调查研究发现：超过70%的人都认为自己不论是面对成年人还是同龄人，都存在表达问题。似乎“我在别人眼里如何”这个可怕的问题占据了整个内心。

一个（法学）学生说道：“许多人都对未知的东西感到害怕，因为‘未知的东西’可能会成为自己的弱点，因此产生了许多没有意义的胡言乱语，其目的就是避免被人怀疑‘不知道’。在和他人的沟通中，尤其是在寻找伙伴的过程中，我经常会特意表现这种恐惧，以便向对方敞开心扉，因为人可以‘示弱’。但是，这种示弱要适可而止，否则会给对方留下不好的印象。”

假设我准备在一次政治性聚会或家长会上讲话。在讲话结束之前，我的心一直怦怦乱跳。从生物学角度来看，心跳加速可以为肌肉提供大量血液以应对“紧急情况”。之所以会产生这种“应急反应”，是因为大脑认为机体正面临“严峻”的情况，即一个必须使用防御、攻击或逃避等手段来维持生命特征稳定的情况。

身体非常清楚地告诉了我（一个我认为有些可笑的事实）表达是一种“紧急情况”，是对自尊的威胁。发送者在发送信息时的风险可以总结成一个成语：言多必失（原句为罗马帝国哲学家贝提乌斯的名言“Si tacuisses，philosophus mansisses”：如果保持沉默，你便能看上去像一个哲人——译者注）。

让我们明确这一点：发送者知道其发送的信息会从自我表达维度被接收评价，因此，普遍会产生对鉴定的焦虑——我称之为自我表达恐惧。

顺便说一句，人们对心理学家产生恐惧的原因是，他们设想自己会接受从自我表达维度评价信息的训练（无论我说什么，他都能看穿我，知道我发生了什么事）。

在某种程度上，如果我们学会了如何降低甚至克服恐惧的沟通技巧，就不会再产生如此强烈明显的自我表达恐惧。第二部分第二章将讨论这些技巧。

首先，让我们快速了解一下自我表达恐惧的成因。

1.1　自我表达恐惧的产生

每个人都或多或少在个人经历中感受过自我表达恐惧。那么，这种恐惧来自何处？是天生的？还是人的共性？是不是一种神经疾病？是否可以遏制这种恐惧？

据我所知，自我表达恐惧的起源可以追溯到幼儿时期，是孩子早期和社会碰撞的必然结果。自我表达恐惧是这种碰撞带来的深远负面影响。

“碰撞”是不可避免的。然而，影响和伤害的严重程度却可大可小，这取决于教育是否细致入微，文明是否进步，取决于社会是否充满人文关怀（在下文中，我将从个人与社会两方面论述这种冲突，并推断在各种情况下产生自我表达恐惧的原因和应对恐惧的策略）。

一种是孩子的性格和社会规范的碰撞。孩子很快意识到他的一部分性格会令人厌恶，不能被别人接受，这就促使他隐藏这个不受欢迎的自己。众多精神分析文献都详细论述了压制不受欢迎人格的过程。

另一种是孩子的无助和不足与社会绩效要求的碰撞。精神分析学家阿尔弗雷德·阿德勒提出“自卑”是人类的天性，并得出结论：“正是存在不足，我才不能表现自己！”并且不断尝试进行自我提升。

接下来，让我们详细了解这两种自我表达恐惧。

第一，孩子的性格和社会规范的碰撞。

每个孩子都曾有自己的愿望或性格与社会规范不相容的经历。老实听话、少提要求、不捣乱、不乱发脾气等令孩子难以接受的要求，是以让孩子取悦别人为目的的。父母经常会通过表扬和惩罚，或通过关心和冷淡传达给孩子这些规范，并让孩子对展现不受欢迎的人格产生恐惧。

这种恐惧是合理的，绝不是神经疾病，这可以让孩子适应和压抑自己“邪恶”的部分。在这个过程中，父母（邻居、幼儿园老师、学校老师、同龄人）都会成为“法官”，他们将判断孩子是否能够获得幸福和自尊。孩子则认识到，他（她）只有部分感受、想法和行为能够得到“法官”的认可，其他的是“不好的”，是必须被压抑和隐藏的（见图44）。

图44　孩子立刻发觉，他并不是所有地方都让人喜欢。
结果：性格产生分裂

但是，现在又发生了另一件事：随着时间的推移，孩子开始对“法官”的判断内化为自我判断。被禁止的感情和行动的冲动不再需要来自外界的“法官”来压制，而是直接自动引发内疚和羞耻感：“法官”转而以良心、荣誉或超我的形式存在于内心。这种超我形象使其表现的恐惧不再明显，因为自我惩罚的冲动会被及时压制住。

“法官”就在我们的内心之中，但是，我们会将他们向外投射，投射到最初让我们感受到“法官”形象的人身上。例如，有人在百货商店偷花瓶，并将其藏在外套下面，他突然感觉到所有顾客和销售人员的目光，感觉自己好像被人抓住并接受审判，被“侦探”和“法官”重重包围。

但是，在日常生活中，这种自我感觉会被弱化：我们将内心的规矩，将自己内心的“法官”投射到其他人身上——特别是那些与曾经的“法官”年龄或行为相似的人（即所谓的权威恐惧）——比如那些会以批判的目光观察我们的人。我们会害怕这些人对我们评判，恰恰是因为自己内心产生的羞耻和懦弱。

由于我们从小就对自己产生了恐惧，所以我们会对每一个惩罚或责备我们的人怀有一种短暂的自发恐惧。这并非客观，而是我们主观赋予对方“法官”这一形象，使对方具有专制的特征。我们必须通过审判才能获准行动，没有通过审判就意味着恐惧。为了摆脱这种恐惧感，我们会自发地、无意识地吸取所有评判，以便能获得同情、承认和尊重。

这种投射（其他人都是“法官”，我必须通过他们的审判），更像是一种神经质般的恐惧。之所以称其为“神经质”般的恐惧，是因为它现在或多或少是一种过激反应（与孩子真正的合理恐惧相反）。

这并不是说别人不好的评价都是想象出来的。其中的一小部分是信息接收者的自我表达耳朵接收到的。但大部分经历表明，这其实是对事实维度的夸张。大多数接收者的担心和前面的叙述完全不同——他经常会被内心的规矩束缚，一直避免因为被发现“不好的部分”而受到批评。

第二，孩子的无助和不足与社会绩效要求的碰撞。

根据阿德勒的说法，孩子产生的最基本的感受就是自卑感。孩子所感受到的渺小和无助感会持续相当长的时间，并给人一种难以应对生活中的种种挑战的印象。因此，我们不难想象，在每段经历的开始，我们或多或少都会产生自卑感。

年幼、体弱、迷茫、无助，和成人相比各方面都处于劣势，孩子会因此产生不安，然后寻求安全感。因此，长大就成了他的目标——“长大”意味着能够抓住一个东西，打开一扇门，扩大他的行动范围，满足更多需求。

在有利的情况下，当孩子感受到受人喜爱，从集体中获得相应的地位，在学习的道路上得到鼓励，健康的自尊很快便会建立起来。然而，儿童时期的经历往往会加剧自卑感。例如，过度保护、放纵的教育会导致孩子产生自己一无是处的感觉，而且，他此时还没有生活能力。相比别人，他没有掌握的东西还有很多，导致他经常会沮丧和失望。

此外，孩子在和兄弟姐妹的竞争中失败，也会诱使其产生自卑感。是的，孩子周围环境中所有的负面关系消息都会进一步巩固孩子的负面自我形象。

根据阿德勒的观点，自卑感越强烈，人们会越希望平衡这种痛苦的感觉，提高自我评价。所有对价值、特权和权力的渴望都源于努力克服或平衡自己的(虚构的或实际的)弱点。并且，如果可能的话，尽量超越目标（过度平衡）以获得更好的保证。

从这个角度来看，自我表达的恐惧也是对暴露自己失败的恐惧。一个成年人的自卑感越强烈，就越容易出现以下表现：

第一，赋予周围人“严苛的法官”的形象。他必须通过对他人的严苛审判隐瞒他“不雅观”的一部分，并得到他人的承认；

第二，他还认为一些场景（如赌博、请客）是对他的一种考验；

第三，他将别人视作竞争对手，担心竞争失败会影响他的价值和声誉。

1.2 由裁判和竞争对手组成的世界——假想的产物

一定程度上，“法官”和“竞争对手”并非想象的产物，而只是神经性的投射。相反，社会中的重要场所（如，学校和职场）都会成为自我表达恐惧的滋生地，这些场所都建立在表现和竞争的原则之上。

学校本应该真正服务于学习和人格的形成。然而，由于学校需要履行社会赋予的功能，学校根据学生的表现将学生分出三六九等，使得学生必须在自我表达维度有一个正面的形象。学生被评委（老师）和竞争对手（同学）所包围，他必须“善良”，必须比其他人做得更好，以便得到成功的“橄榄枝”。

特别是在资本主义经济体系中，在学校中非常重要或糟糕的事情，在日常生活中也是一样，多姆特别指出：是否拥有特权是所有生活问题的第一个判定标准。生命成为可怕的审判现场……表现（和竞争）原则拉开了人与人的差距，让人们相互竞争，让关系建立在嫉妒之上。

因此，对法官和竞争对手的恐惧并非巧合。另外，这种恐惧经常会转移到伴侣身上，以及那些无意参与竞争和审判的人身上。

第二节　自我表达和自我隐藏

在当下社会和个人的背景下，信息发送者对自我表达产生恐惧是可以理解的，他的一部分精力也被分配给了自我表达维度，用以塑造优秀的自我形象，使用的技巧大致可分为自我展示和自我伪装：自我展示旨在展示自己优秀的一面获得加分点；自我伪装则是被打上渴望成功标记的沟通战略，动因是对失败的恐惧——信息发送者想要隐藏自己“难看”的一面。

除此之外，人们有时还会遇到一种奇特的自我表达形式，与我们之前所有的内容相矛盾——一种贬低自己、努力不显露锋芒的方式。

接下来，我们将仔细论述自我展示、自我伪装和自我贬低这三种技巧。

2.1　自我展示技巧

用来表明信息发送者努力表现自己“最好的一面”有很多概念：自我发挥、自我输出、表现自我、自我表现、给人留下深刻印象等等。技巧如何使用则因人而异。但是，每个发送者都面临着一个问题——自我展示被视为一种“笨办法”，有时甚至会产生相反的效果，让人感觉“言过其实”。此外，这种技巧常常显得不那么“客观”。

因此，自我展示必须“低调地”被放进事实维度（信息的第一个维度）。在后面的章节里我分享了一种方法：使用难以理解的语言。复杂的表达方式会让信息接收者难以理解，从而产生让对方钦佩的感觉。（我一个词都没听懂，不过感觉对方非常聪明啊！）

另一种方法是随机发送高质量的个人消息，暗示自己很随意，看似没有太多意图，并未刻意给人留下印象。例如，有人说：“我非常同意你的意见。那时，我们在曼谷建房时也遇到了同样的问题。”或者是：“我的朋友和你的观点非常类似。但是，说实话，我有一些不同观点。”或者说：“智商没有什么，我的智商有131，但我还是经常犯迷糊。”

显然，这种看似以事实为主的信息更多的是在表现自我，其实是在说：“看看我是谁，我拥有什么，我能做什么！”这种自我展示的消息不仅在党派发言时经常出现，在日常和工作的讨论中也经常出现。大部分都是为了展示自己的素质和能力。

还有一种最常见的方法——寻找主场优势。也就是说，将谈话引向自己可以说出很多聪明话或自己熟悉的领域的方向。在这类谈话中，经常出现谈话双方争夺“主场”的情景。

努力提升自我价值既可以体现在内容上，也可以体现在形式上。信息发送者喜欢讲述他的生活故事，间接表明他是谁。他通常会塑造一个好形象，这时，自我表现就体现在内容上。在形式上则体现为：发送者使用一种语言形式表明自身对周围人的看法。例如，使用“于”比“在”更加文雅；使用“表达”而不能用“说”；“我们经常出去吃晚饭”就不如“我们更多倾向于外出用晚餐”；“拥有”比“有”要好一点。

其他的自我展示方法在这里不做赘述。每个人都有自己独特的自我展示方法，是否令人印象深刻，通常取决于信息接收者：有人可以通过谈论自家的游泳池给别人留下深刻印象，有人可能会表达激进的观点，有人喜欢说教，有人会说俏皮话，还有人会刻意贬低别人。

2.2 自我伪装技巧

自我伪装技巧包含了隐藏或掩饰自己消极方面的所有方法，主要包括最低程度的自我放纵，用“无能”或“怪异”代替可能更不好的评价，因此沉默可能是伪装的最佳形式。

事实上，许多学生都竭力避免提问（事后会认为自己很蠢），参加研讨会的学生也很少发言（自己会感到难堪）。另外，在会议中或其他公众场合，也很少有人冒险“张嘴说话”。

但是，一旦信息发送者开口了，还是有其他的方法伪装自己。首先，我必须要说，自我伪装技巧已经融入了发送者的身体，成为他们的第二天性。这种自动安全系统还可以隐藏发送者的自我表达的恐惧。也许，有些读者可能已经想到了前面自我表达恐惧的部分：在任何沟通中都有自我表达恐惧。（这也太夸张了，我根本没有注意到！）

是的，我们会想方设法借助自我隐藏掩饰恐惧——向所有方向竖起防护墙，打开“警报系统”，设置“防御武器”，尽量让自己感到安全，并防止隐藏在各种“武装”后的恐惧显露出来。

自我伪装的附着性。“在我们的日常生活中，我们会遇到戴着假面的人。那些扮演某种角色的人说着不属于他们的事。”陶施夫妇提出这一观点。另一方面，陶施夫妇也谈到了“真实性”，即外在行为与内心的感受相协调。

我和内心是否有联系？这是信息自我表达维度的关键问题。你说的话是否源于你自己的经历、感受和思考？或者说，你说的话是“源于内心”还是断章取义的所谓的“客观”？

自我伪装隐藏了信息发送者本身“难看”的一切，这威胁到了他的自尊心。发送者会坚持自己：“没有弱点，没有感情！这样我即使被攻击、被伤害或被排斥，我也会让自己仿佛什么都没有感受到。我会心痛和恐惧，但我可以假装自己很平静。我很生气，但我至少没有失态！”

里希特曾尖锐地指出：在我们的文化中，特别是男性，认为自己表现出痛苦（有问题）是不雅观的，甚至在面对自己时也刻意隐藏脆弱——“我一切都好”是“不允许自己表现病痛的病人”的自我形象表达。特别是一些成功人士，他们就拥有这种心理，我将其称为“A型”——特点是充满雄心壮志，对成功和得到社会认可有强烈的渴望，终日忙于各种活动。

隐藏内心状态不仅仅是一种有意或自发的沟通心理。在许多情况下，人们的一些情感不仅仅是在表面，甚至在内心也难以泛起波澜。如果在童年时期不允许表达某些情绪（如疼痛），那么这些情感就会被牢牢地堵住并被隔离开来。

例如，图44中的"一半的人格"。作为成年人，我们紧紧塞住另一半人格——"塞子"可以是肌肉的缓慢紧张、平坦的呼吸等。随着情绪的降低，另一半人格可以活着，但不是很活跃。如果拉开塞子，后果将难以想象：被压抑的人格会不会"爆炸"？是否会让我偏离正常轨道？事实上，心理治疗和冥想的技巧就在于将这种分裂的个性重新整合在一起。

我相信，这种分裂的思想即人性的根源，在某些"危险"的情况下，也是非人性的根源。因为对分裂部分的对抗是（投射的）一种实践（特别是孩子们），我们一致用"黑色教育"驱除他们内心的"魔鬼"，但遗憾的是并没有成功。因为我们只有在与内心的"魔鬼"和解后，才能克服另一半不好的人格。

语言辅助自我隐藏。伪装可以是整体的、客观的、抽象的，不局限于面部表情、手势和语音语调。简言之，就是以一种乏味的方式让自己发送的信息更像官方公告，而不是一个自发的自我表达。在对不需要个性，而要求忠实地满足对方期待的背景下，这种行为方式保证了所谓的"安全性"。

因此，在职场中有一项铁律：一切个性或情感都不能外露。

这种自我远离和自我隐藏的沟通是整体性的。然而，从一些语言特征中可以识别出信息发送者的自我隐藏——这同时也是自我隐藏的语言方面的小技巧。

“人”句式。信息发送者喜欢使用“人”做主语的句子对内容进行去个性化。所以不是：“我很生气，因为我等了这么久！”而是：“如果一个人要等别人很久，他就会生气。”

这种形式将实际的个人经历变成一般规律特征。因此，“人……”的形式不会发送关于个人的信息，而是关于全人类的信息。

“我们”句式。避免使用“我”的句式，更多使用“我们”句式。这种形式通过消除自己在集体中的观点和意图，同样可以避免信息发送者暴露自己。

“我们对任何新事物持开放态度，但也对它是否能实现持怀疑态度。”一位参与沟通初期培训的学员如是说。

“我们现在就去睡觉吧！”母亲晚餐后说。虽然这种表述很少反映现实，但优点是比“我现在想上床睡觉，我也想让你上床睡觉”来得更加委婉。

提问句式。问题通常具有隐藏自己的观点并挑战对方观点的功能。此时，它不再是获取信息的手段，而是一种保持优势的方法。例如：“你为什么要买这件衣服？”其实是说：“我无法忍受你的新衣服。”可见，在许多事实问题的背后经常隐藏着反对意见。

它（这）句式。使用“我”通常会给人勇敢表达内心的印象，这种情况往往被非个人的匿名的“它（这）”所取代。例如：“这很无聊。”通过这种看似客观的声明，信息发送者避免直接表达个人，避免对对方点名道姓——“我不想再听赫伯特叔叔冗长的旅行报告，但是，我没有勇气打断他并发表我的看法。”

在这个对话版本中，我和其他人的互动存在一定风险——可能会让对方感觉不舒服。所以，最好让它继续“无聊”下去。

第二人称消息。避免流露情绪（第一人称消息）最普遍的方法，便是使用第二人称消息。这种方法是将自己内心的体验转化为另一种陈述。下面的对照表，就是将一些第二人称消息与相应的（未表达的）第一人称消息进行比较：

第二人称消息	第一人称消息
“你一定要不断插话吗？你应该去参加讨论培训课。”	“如果说话时被打断，我会很生气，因为这会让我觉得自己的话很无聊。”
“真是不能跟你说心里话。”	“你跟别人传我的私事，令我很尴尬。”
“穿这条裤子会让你看上去很可笑，换一条吧。”	“我害怕别人嘲笑你的裤子，这样我会感到羞耻。”

第二人称消息是一件称手的兵器——它不仅具有让人无法看清内心世界的优势，而且还能让对方处于困境中。图45显示

了第二人称消息如何隐藏了不同的“我”的情况——通过缺少自我表达维度，让信息变得不甚明确。

信息发送者本身通常也不知道自己的表达之下隐藏的是什么。只有在治疗和强化自我探索时，这些内容才有可能重见天日。

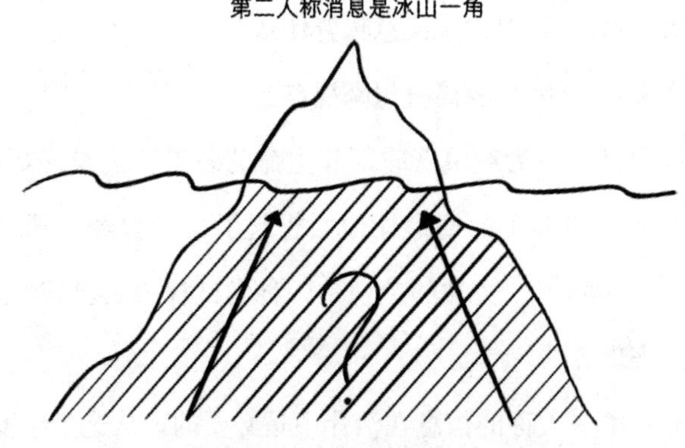

图45　第二人称消息 不仅是“一角”，还掩盖了信息发布者的心境

下面是发生在人际关系咨询中的一个例子：

旅行期间，发生了以下情况：丈夫想要做点儿什么，但妻子却懒洋洋地躺在沙滩上阅读杂志。于是丈夫被激怒了，他训斥妻子：“你真是懒得要死！”

接下来，治疗师通过和丈夫对话，试图揭示潜在的“第一人称消息”：

治疗师：“当你的妻子躺在沙滩上时，你有什么感觉？”

丈夫：“太可怕了，她什么都不做，浪费了美好的假期。要知道，假期可以做很多事。”

治疗师：“这个世界提供了很多东西，也让人们浪费了很多时间，你感觉到了吗？”

丈夫：“哦，是的，过去我常常觉得自己不知道该做什么。我经常徘徊在某个地方。”

治疗师：“那对你来说意味着什么？”

丈夫：“天哪！我简直想鄙视自己。”

很明显，因为对浪费时间和生命的恐惧，丈夫喜欢让自己忙碌起来。但妻子的慵懒让他回想起了自己曾经“鄙视自己”的行为。实际上，丈夫的蔑视是一种尝试抹去自己曾经不好的行为的表现。

显示第一人称的信息在治疗中是必要的。从这个角度来看，第一人称信息被证明是一种更深层次的自我解释和表达，而并不仅仅是一种新的反应。所以，清晰、有效的沟通需要这种自我澄清。

2.3 自我贬低

与上面描述的自我展示技巧相反，我们发现了一些让自己显得弱小无助且毫无价值的人。例如：

“我没有什么进展！”通过这种贬低自己的话语，将他们自己和周围的人和环境分开。

关于这一点，我们将再次使用四边形模型。诉求可以是简单的“反驳我”（拐弯抹角的恭维），也可能是试图说服信息接收者承担烦琐而艰巨的任务（我没有什么进展——你不要给我太多压力！）（见图46）。

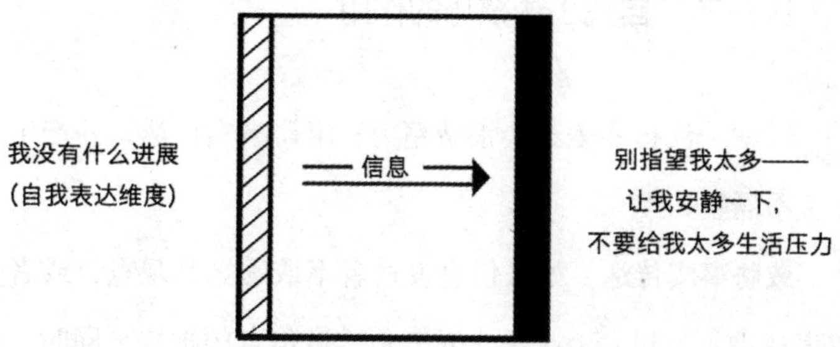

图46　贬低式自我陈述中（不明显）的诉求维度

德雷库尔斯认为，儿童会以“显示自己的不足”表达自己受到了委屈或挫折，借以解除某些任务或目标：

> 它隐藏在实际或想象的自卑感背后，用他的无能当作保护伞，避免被人过分要求或预期。

对于图46中的这类信息接收者来说，重要的是，如果用诉求的方式回应，可能会进一步让对方受挫。如果接收关系维度传递了“你强我弱”的消息，向信息发送者提供善意的帮助是非常受用的，但却巩固了对方较弱小、较依赖人的形象。

露丝·科恩也谈到了给予太少和太多帮助之间的平衡：

> 给予比预期少的帮助，是一个小偷；给予比预期

多的帮助，就变成了一个凶手。

第三节　自我表达技巧的作用

过度关注自我表达会浪费精力，阻碍事实传达，并产生人际关系隔膜。

威胁事实传达。如果信息发送者不敢透露其观点，或者自我表达占了上风，就会失去对其他维度信息的把控。同时，信息的接收者也会失去很多——因为他也只使用半个耳朵接收信息，他在忙着排练自己的“表演”。

妨碍团结。如果在对话中刻意隐瞒弱点、恐惧和问题，同时还想占据沟通优势，人们将无法拉近彼此间的距离。团结建立在公开接纳个人弱点和所谓的自卑感的基础之上——我体验到别人的痛苦、不安和无措，这让我明白：我并不孤单，不只是我有困扰，其他人其实并不像我所认为的那样自信，我无须时时掩饰自卑感。但是，在实际生活中，我们却竭尽所地能避免这种体验。在一个集体中，恰恰是我们自己建造了困住自己的牢笼。

危害心理健康。这种避免表达内心的（部分是自己臆想出的）惯性会导致一个人内心持续紧张。它耗费了大量的精力，并且总是带来潜在的恐惧感。这在心理学上是“不健康的”，同时也与一些身体疾病有关（例如，心肌梗死）。

第四节 自我表达的指导方针

沟通心理学为处理自我表达维度提供了哪些指导方针？我经常看到，选择我们培训课程的参与者最初会对心理学家感到失望：毕竟，他们的期望是学习如何使自己的表达更加出彩，如何产生“最佳效果”，以及如何“更好地推销自己”。

训练通常指向相反的方向：不要总想给人以“好的印象”，这种过度焦虑无疑会浪费精力。所以，要明确什么是客观的、顺畅沟通的最大敌人——当被问及何为良好的沟通技巧时，露丝·科恩说：“只要直接说出你的问题，那就是最好的技巧。”

为了能够向外界传达内心的想法，我们需要具备意识到自己内心的能力，知道“我的问题是什么”。

古圣先贤的“了解你自己”，在我们看来也是现代心理学的终极智慧。在这个意义上，自我表达（不言而喻的存在）意味着不要欺骗自己，倾听个人的内心世界。这并不简单。“我是谁”这个问题的答案需要我们不断地研究、探索，直到最后一刻。

因为在这里不仅能看到“宝物”，而且还要意识到“难看”的部分，因为与自己的“影子”相遇可能会非常痛苦，自我认知不能通过肤浅的快乐原则来证明。然而，历史上的智者和哲学家都把“认识自我”作为生活的第一目标：

> 认识到“认知和爱”才是有生活意识的人，但需

要将认识自我作为两者的必要基础。

当下，对自我的认识被称为“意识”。格式塔疗法的一个核心概念就是：对我的内心、我沟通的对象以及我周围的事物保持细心和警觉。

4.1　一致性或真实性

沟通心理学的指导方针是：做你自己，当你感知到内心时，向外面传递你的所思所想。先决条件是：尽量弄清楚自己内心的感受（揭示自己，认识自己）!

在心理学中，这些指导方针通常分别用“一致”和“真实性”来标记。

卡尔·罗杰斯认为，一致性意味着人格的三个方面之间的对应关系：内心体验（我的感受，内心的波动）、意识（我有意识地知道了什么）和沟通（想向外传达什么）。

卡尔·罗杰斯对人际交往的一致行为特征的重要性做了如下陈述：

信息发送者的信息越一致，接收者理解的信息就越清晰。另一方面，不一致的信息容易引起不信任和不安全感，因为接收者需要弄清楚信息发送者的意图。

发送者自我表达的练习越多，就越容易“公开”他的感受和想法，接收者也越需要留意。如果做不到留意某些信息，接收者就要学会认真深入地倾听。

然而，接收者倾听的越多，发送者就越能感觉被理解。如果他感到被理解，就会（在信息的关系维度）给予接收者积极的赞赏。

反过来，接收者会感觉到被接受，他会与发送者更一致地进行沟通。因此，积极的谈话特征相互促进，人际对话呈现出治疗的特性，即一致性、积极评价和理解。

两种不一致。不一致有两种级别，让我们举一个工作会议的例子，有人给别人留下消极的评论："你看起来很糟糕。"受影响的人羞愤不已，大声反击说："我明白你很生气。"这个人激动地打断道："我一点儿都不生气！相反，我感到好笑，我只是对事不对人！"

最后的陈述（沟通）与内心体验形成鲜明对比——每个人都能感受到这一点。这里，我可以想到两个事实：

第一，男子意识到自己感到受伤和愤怒（内心体验变得清醒），但他试图将自己隐藏起来（对事不对人），让自己看起来无懈可击。这是第一种不一致。

第二，男子不知道他的感受。可以这么说，他相信自己说的话。这是第二种不一致。从心理健康的角度来看，第二种不一致的心理可能并不健康。

因此，一致的自我表达的基本心理先决条件就是不欺骗自己。然而，人类往往倾向于"挑选"那些不适合自己的感受来"蒙蔽"自己。为此，有时需要忽视某些事件或重新解释它们，促使它们融入自己的世界观，从而保持内心的平静。

发生在我们身上的事件也是如此：一些情绪和冲动不适合我们，要么是因为它们从认知的角度不合逻辑，要么是因为它们与我们积极的自我形象相矛盾。为了保持(明显的)内心平和，有些人甚至彻底“戒掉”直接感受自己的情绪，并试图填补心灵的缺口，为保持自我形象服务。

这种情况下，我想解释一下，面对“你感觉如何”与“别人说的话会对你的情感产生怎样的影响”这样的提问，可以观察到两种不同的反应：

直接进入情绪。有些人非常直接地说出他们的感受。有人会对批评有所反应：“我感到很受伤，而且大多数时候都想要反击。”在这种反应中，声音和面部表情以及手势通常都与语言的内容一致（伤害出现了两次）。因此，我们可以直接获得这些人的感受——他们感知到自己的身体，也感受到他们内心的情感。对此，你根本不必费心“思考”他们的感受。

这些人坦然承认他们的情感“不合逻辑”或“不符合意识形态”：“我很伤心，虽然我知道你的批评是正确的，并且对我有益。”或者：“我注意到了我的嫉妒心理，虽然我发现嫉妒并不会给我们的关系造成什么影响。”这些人不会自欺欺人，他们有能力对内心的实际情况说“是”，从而获得生动而直接的人际关系——虽然不总是和平的人际关系。但他们心理健康，并且通常拥有更深层次的人际关系。

“衍生”的感受。对“你感觉如何”这个问题的另一个反应是：对于这些人来说，感觉似乎是心理推理的结果，像数学推导一样，具有某些前提和逻辑联系。这些人要么已经失去了发现自身感情的直接线索，要么一直和自己对话。但是，在适当的帮助下，他们找回了这种感觉。例如，面对批评，他也许会说：“我认为批评在一方面是合理的，因为这件事涉及我自己，我保持中立。另一方面，我认为批评是没有道理的，因为它忽略了这一点和那一点，所以我并不感到激动。”

综上所述，严格的自我概念（我是那样）是直接感知情绪的最大障碍。其中，卡尔·罗杰斯触及到了这种神经性的核心：我们必须扭曲或否认不符合我们心爱的自我形象的内心体验。例如，如果我的自我形象是“我是一个爱妻子、孩子及父母的人”，那么，我就不能允许自己对他们产生痛苦和仇恨的感情。

但是，这些“不忠实”于自我形象的感受该何去何从？我的愤怒将如何发泄？我在“自我概念”的强烈影响下如何隐藏自己的愤怒？愤怒将进入我的胃、后背、脖子，还是脑袋里？要知道，所有类型的心理疾病都可能源于被压抑、未表达出来的情感。

弗里茨·佐恩写过一篇关于他生病的文章：“虽然我还不知道自己是否患了癌症，但我已经直观地做出了正确的诊断，因为我认为肿瘤就是‘吞下的眼泪’。我从来都没有哭过，并且也不想哭。所有眼泪都累积在我的喉咙里并形成肿瘤。因此，把它们‘哭出来’的目的无法实现。从纯粹医学的角度来看，这种充满诗意的诊断当然不是真的，但就我个人而言，这的确是实话：我多年来一直在咀嚼所有被‘吞下’的痛苦，突然间，我的内部无法承受这些痛苦了，因此爆炸了，并且摧毁了我的身体。”

有些人在表达时会绕开产生的感情，从而产生比宣泄情感更好的更理想的结果。在被问及他们的感受时，这些人经常仿佛做一次报告一样，动员他们的“新闻发言人”发布官方公告，采取均衡、谨慎、无关紧要的表述方式。由于这种沟通方式在我们生活的许多方面被看作是“官方的”和体面的，所以，大家对这种方式的使用都习以为常。

4.2 选择的真实性

“更加开放，摆脱伪装”的指导方针很容易被一种“座右铭式精神”误解：“展示你内心的一切，否则就是有问题的！”为了防止人们出现这种误解，露丝·科恩创造了“选择的真实性”理论。

> 真实性包括两个方面：一方面，尽可能清楚地了解自己的感受、动机和想法，不欺骗自己。另一方面，清楚地说出我想说的话。“清楚”一词指的是我说的话准确地传递到另一个人那里。对方有一个“接收装置”，可能这个装置并不是专门为我准备的，它不知道我发送什么、如何发送。因此，我必须想象对方如何接收

到我想传达的东西。

我曾经说过一句话："并非所有的都是真实的，但我想说的应该是真实的。"

我敢肯定，人们不可能从一开始就做到敞开心扉，而必须通过小心获取和学习才能得到。是的，你没法儿立刻、强行做到这一点。

但是，我相信，即使在最好的关系中，仍然存在封闭的区域。我无法想象一种永远完全开放的关系。因此，我将真实性分成了最理想的真实性和最大程度的真实性。准则是：向沟通对象传达个人的内心经历，让内心诚实和沟通清晰达到最理想的状态，这就是真实。

最理想的真实性是有选择的，而对于最大程度的真实性来说，绝对的真诚是不存在的。我认为，绝对的开放是一种失常。我们的文明曾有很长一段时间的沉默和虚伪，给人民和国家造成了毁灭性打击。而以个人为代价的开放同样会导致问题，并让历史重演。

道貌岸然和胆大妄为之间需要动态的平衡。换句话说，良好的沉默和良好的沟通之间需要动态平衡。

4.3 一致性

当我被问："一般来说，你的沟通如何进行呢？你的价值标准又是什么？"我会回答："我最关心的是'一致性'。"我用这个术语来描述真实性的选择性特征（真实性的选择标准），并将其作为衡量真实性的极限的普遍价值标准。

“一致性”是指：真实情况、内心、目的和关系的性质（角色关系，即所有有关信息接收者内部条件和外部情况内容的一致性）。下面，我将一一说明：

我很自然地认为，我有自己的一套独特的存在原则——它为我指明了生活方向、意义和某些“主题”，并因遵循这套原则而有了“一致性体验”。但是，如果没有遵循这套原则，就会产生大大小小的“偏差症状”——从“小烦恼”到整个人意志消沉，甚至导致生活危机和疾病。

从这个角度来看，这些症状的产生都是有根据的：这些症状反映了对调整原则方针的诉求。因此，要注意这些无意识发布的信息。这些信息以感情、身体信号和梦的形式体现，而不存在于理性的思考中。许多方法和辅助手段可以从“违背内心”的行为中发现“心灵的智慧”，其中最著名和最有前景的手段是——冥想。

当我的沟通（和我的动作）和我的存在状态相对应，并且，沟通更多侧重于表达而不是影响的时候，就出现了一致性。那么，什么是更多侧重于表达而不是影响？我不得不经常接受周围的条件状况，我认为这些条件状况没有意义。但如果拒绝接受，又不会产生什么效果。由于这种无效性，我会省略对这些条件状况表达自己的看法和感受，以避免产生冲突、交流失败或情绪激动。当然，还包括一些积极的影响和喜悦之情。

对于认识到一致性的人来说，达到预期效果是次重要的（而不是附带的）。现在，我意识到，我曾经的许多行为都以最终效果为第一准则，让自己困在了幻想的牢笼中。事实上，行动的相互作用无法预测。体验相互作用的唯一方法就是冒险行动，然后惊讶地发现——自己根本无法预测。

首先，我将“一致性”定义为在某个特定时间“符合我内心的表达”。与真实性相对，它不仅包含了情绪与外在行为之间的一致关系，而且还反映了内心所有状态的统一性。这很重要，因为如果我想让我的朋友脱离外界陌生力量的控制，我可能不得不撒谎，摆出一副真诚的面孔。我的行为可能并不真实，但却是一致的。

其次，我向一致性的定义中加入了外部情况。此时，“一致”意味着和情况特征的一致（正如我在前面给出的定义）。如果实际情况需要快速行动，我会立刻发出指令，而不顾接收者的感受。如果我告诉某人他会被解雇，我不会为了照顾他的感受——赞扬他的优点（即使他的确有这些优点，但这种情况下并不需要这样）。

作为一名网球教练，我可能会在他们每次挥拍后教授一些技巧，并给予反馈。但是，如果我只是陪伴妻子打网球的伙伴，这样的行为可能会让她觉得我好为人师，且骄傲自大。冯·曼格的一幅漫画可以看作一个极端案例：刽子手在行刑前与犯人交谈——担心自己乘电车不能按时到家。

信息发送者和接收者的关系是情况特征最重要的构成部分。毫无保留地敞开心扉和表达亲密有时被看作有礼貌，有时则会让对方感到受伤、困扰或分心。比如，我有时候没法儿对对方讲述我最近的度假经历。

实现一致性（或发现不一致）的关键是看到“真实的情况是什么”。

共同利益是否将我们联系在一起（是怎样的共同利益）？我们是否处于竞争状态？我们之间是否存在未说出口的冲突（如果是这样，我们可能无法进行一次愉快的交流）？你的决定是否会影响我（如果是这样，我无法给你客观的建议）？我们是否拥有相同的权力，或者我是领导，最终会独自决策？参与者是自愿参加我的培训还是被迫的（如果是被迫参加，我就不能在一开始就问他们想要学到什么）？

如果我们了解具体情况，那么，沟通就是一致的。当有人正确地描述具体情况时，我们通常会感到惊讶，因为大家已经习惯尽量掩盖实际情况。我希望，我可以用“一致性”来概括我所说的意思：与真实情况的一致体现了我对内在真实活动和外在实际情况的认识。一致性主要在以下几个方面发挥作用：我的内心情感，信息接收者的内心情感，我和对方的关系（角色关系），实际情况的要求以及我内心的需求。

第五节　自我表达真实性的讨论

真实性是否是对内心世界更清晰（和肯定）的感知？真实性是否可以通过学习获得，使个体不再担心无法表达真情实感？

答案当然是肯定的。然而，通过积极实践并不能实现这一目标，“有效的培训项目”甚至是“程序化教学”都无法帮助达到目的。相反，获得真实性只能通过治疗实现。治疗过程需要排除两个主要障碍——我周围的（社会）条件和我内部的（社会）条件。

在个人层面，真实性建立在最低程度的自尊之上。那些暗暗认为自我无法和内心统一的人不会想要表现自己，他们通常会通过努力提升自我形象来弥补他们的自卑感。自尊与沟通之间的基本联系可从中窥见一二。

有关自尊与沟通的联系理论最初由阿尔弗雷德·阿德勒提出，后来由弗吉尼亚·萨蒂尔继承并发展。这一理论认为：提高沟通能力的目标需要进行促进整个人格心理健康的训练，使个人与自己的内心达成统一——接受自己的缺点，削弱完美的想象对自己的影响，消除任何错误或缺点带来的不适和尴尬。

前面提到的是内心的障碍。第二个主要障碍发生在社会（制度）层面。如果沟通建立在竞争的基础上，自然难以发展出真实性。学校只要继续履行“去粗取精”的社会任务，向为数不多知道如何表现“精华”一面的学生抛出橄榄枝，就会变成滋生自我表达恐惧的温床。

雅各布斯加德在一篇论文中提到：70%接受调查的学生表示他们害怕在别人面前说话。和学校相同，职场的竞争也不利于形成卸掉伪装的谈话风格。公司的员工面临着一个无法解决的问题：一方面，他们接收到正式的（来自公司的）合作诉求（因此必须接受任何鼓励合作的形式，例如，承认错误，而不是浪费精力来保护面子）；另一方面，他们接收到非正式的（来自同事之间的）“对抗”诉求：如果可以成功地展示自己，将别人比下去，就会增加晋升的机会。

因此，公司员工们如果在沟通培训中被鼓励使用真实的合作沟通风格，通常会对此表现出质疑甚至是消极的情绪。这自然可以理解，他们会认为：在个人生活中表现真实性是必备的，但对是否可以在职场延续这种风格表示怀疑。

另外，有些人也担心他们在（成功）融入职场竞争数年或数十年后会失去自己的个性。在任何情况下，“我能用个人的方式表现自己吗”这类主题都不会过时，并且具有个人意义。沟通培训将逐渐变为对存在的讨论。

尽管存在这些结构性“约束”，但认为个人性格再无发展空间是错误的。同样错误的看法还有：整个社会必须在人类行为改变之前改变。相反，为了向前发展，个人和社会层面的进步必须相互支撑、齐头并进。

5.1 自我分析小组

自我分析小组可以将个人层面的分析划分成更小的单元。

在相互信任的基础上，小组成员将学会表达内心，并逐渐表达“违背忠实内心规则”的感受。摘掉伪装假面的自我表达的价值体现在两方面：不利的自尊（我无法表现真实的自己）只有在遇到相反的经历之后才能被纠正；某人得到他人的接受和认可，这种接受和认可只有是真实的，而非伪装——才具有治疗价值。

通常情况下，我们生活在可怕的想象中：如果我表现出真实的我，带着所有的缺点，就会被其他人拒绝，被孤立或被攻击。这种幻想在正常的人际生活中根深蒂固，这种想象会促使我们戴上伪装的假面——别人就无法看到我们的真实情况。

但自我体验和培训团队可以进行这种现实检查。通常，这个小组的成员会惊讶地发现：如果我表现了自己不喜欢的一面，非但不会被拒绝，还会增进我和对方的关系！我可以展现真正的自我，而且这是一件好事。

亚隆等人在一项研究中，询问在小组治疗中受益匪浅的成员：在这次经历中最有意义的事是什么？下面，是五个最常见的答案：

•发现和接受了我以前不能接受的部分（正面和负面）。

•能够说出困扰我的是什么，而不是手足无措。

•其他小组成员诚实地告诉了我他们对我的看法。

•学会如何表达自己的感受。

•了解到我对自己的生活方式负有最终责任（无论我从别人那里获得多少建议和支持）。

5.2 辅助规则

露丝·科恩制订了一些辅助规则来促进形成真实的谈话风格，这些规则不仅适用于自我分析小组，也适用于学习和工作等场景。例如：

•将自己加入表达内容,说“我”而不是“我们”或“人们”。

•提出问题时，请说明提出问题的原因以及问题对自己的意义。主动说出而不要被别人追问。

•在沟通中保持真实性和有选择性。注意你的想法和感受，并选择如何表达和如何行动。

•避免长时间地解释，直接表达个人的反应。

•注意肢体语言。它经常可以更多地反映真实的自己，而不是自己理解中的自己。

如果我将这些规则作为自己沟通的指南，它们就能在沟通中给予我有用的指导和提醒。但是，一旦我开始扮演“沟通监督法官”，惩罚“违规”的人，规则就成了被滥用的武器，反而成为“想要对抗这种规则的人手中的利器”。

5.3 越坦诚，越伟大

如果自我分析小组、训练小组或治疗小组可以提供练习室，那会更为保险。我们可以在练习室中学习更多地表达自己，并且不必担心暴露真实的自己。然而，仍然有需要注意的问题。我发现这样一个事实，即小组成员很快意识到，小组的管理标准不同于日常生活的标准：这里可以自由地谈论自己的问题，可以感知和表达他人不那么被人喜欢的方面。但是，要注意，不要像小学生一样乖乖地遵守新规则。他们坚信：“越坦诚，越伟大！”

的确，自我表达已成为心理学最新时尚的代名词（见图47）。

图47　互动辅助原则不是交际监督警察手中的警棍

我记得曾参加过一个“主题自我分析”小组。第一天，我们希望通过讨论相互了解。当轮到我时，我讲述了我正在努力解决的各种问题，并谈到了我的哪些性格问题阻碍我应对这些问题。之后，我惊讶地问自己：我为什么这么强调这些困难？因为总体来看，我对现在的工作很满意，而且工作时心情也很愉快！

后来，我找到了答案：大多数参与者都讲到了自己不完美的一面。所以，不知不觉中，我受到他们的影响——我灵敏的“内心天线”接收到了这个群体的潜在规则，并自动遵守了这个规则。

因此，重要的是要确保新的价值观（真实性）不会成为一种强制性规则，而仅仅是一种新的衡量标准——并且是优于旧标准的新标准。站在这个角度来看，自我解放和内在解放的内容会退化成一种新的适应能力。

另一方面，（尽管有新内容）精力重新耗费在自我表达上，使得个人不再能自由表达。出于这个原因，“关于真实性的学习”不应该到处宣扬，不需要显摆。当然，也不用给自己施加巨大压力。

因为“真实性”是一种自发现象，也就是说，它是由内而外产生的，和诉求维度没有任何关系。对真实性的任何“努力”都会扭曲本质，最后充其量只能通过刻板的表达方式形成“真实性假象”（我现在觉得你我之间隔着一道厚厚的墙）。“人造真实性”比“常见的伪装”更糟糕，因为它披着真实性的“外衣”却掩盖了真实性。

第二章　信息的事实维度

在交换事实信息时会出现什么样的沟通心理问题？对此需要关注两个问题。第一，对话和争论往往是“不客观的”，沟通双方很难就事论事。第二，由于理解偏差，发送的事实信息很难准确传递给信息接收者。这样就产生了两个主题和培训目标：客观性和可理解性。那么，为实现这些目标，沟通心理学有哪些方法和理论呢？

第一节　客观性

“我只对事实感兴趣！”我们经常会听到信息发送者这样断言。然而，他们越坚持，面对问题时就会越怀疑。鉴于信息有四个维度，以及人们（而不是计算机）相互沟通的事实，很少会出现单纯只讨论事实的情况。

客观性指与客观、思考和决策相关的信息和论据的交换，不涉及人类的感受和倾向，如维护面子、行为恰当、表现自己、报复、恢复名誉、得到孩子的喜爱、向孩子表达喜爱等等。一般来说，当事实层面的理解占据上风，其他三个维度的伴随信息处于劣势时，就体现了客观性。

事实上，客观性是心理学最不熟练的技能之一。避免关系维度的针锋相对，只争论事实：持相反意见的人会被看作令人讨厌的敌人，但同时也被这样对待（不可避免地牵扯到了关系维度）（见图48）。

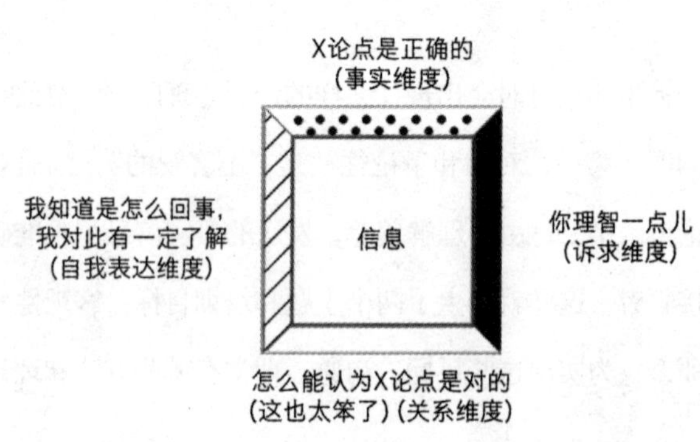

图48　客观的看法经常会与轻视或敌对交际的另一方联系起来

另外，沟通心理学的目标是将自己的观点和对手的观点结合，同时展现彬彬有礼的基本态度："我接受并欢迎每个人根据自己的生活和个人经历从其角度看问题。我们是不同的，当我们相互倾听，接受彼此的观点，并以此作为起点时，我们的观点碰撞可以带来更丰富的东西。"

在事实维度有争议的信息见图49。

我们以什么方式讨论事实？有两种基础策略，但这两种策略是相反的：第一种比较常见，旨在消除不客观的争论；另一种策略则是优先考虑这些干扰。

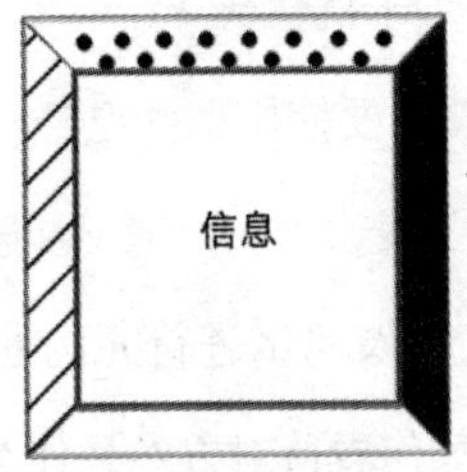

图49　促进性人际关系伴随争议性信息的沟通心理学模型

1.1　第一种策略（这个不属于这边）

通常在学习和工作中，我们会听到“这个不属于这边”之类的发言，这种对规矩的诉求旨在防止涉及其他维度的消息（我们希望保持客观）。对于顺利且快速的沟通，这种策略是节约时间的应急方案。但是，这种将客观性强压在情感之上的策略不利于长期合作。

一方面，坚定的、创造性的客观事实需要积极的人际关系辅助，否则，客观性就会导致“冷场”。另一方面，不客观的冲动并不是内心世界的产物，它是现实的一部分——我们无意识间将其隐藏了起来，但它以一种潜在的方式影响着我们的沟通：伪客观论证成为主观争论的载体，冗长的“事实”表达服务于自我表现和自我辩解，此时“客观”则成为承载个人情感的“特洛伊木马”。

1.2 第二种策略（干扰优先）

沟通心理学家建议不要使用那些已经被“染色的”客观规则（不要谈论你自己，不要表达个人，情感和感觉不能出现在客观谈话中）。相反，专家们建议偶尔进行元沟通，强调信息的自我表达和关系维度：“我们如何看待对方？是什么促使我们产生矛盾？为什么我不敢说出我的真实观点？我对这个小组的感觉如何？”

露丝·科恩毕生追求协调客观事实需求和人际需求，简而言之，就是干扰优先。对于科恩来说，这个“沟通规则”只适用于人类现实沟通。她曾这样写道：

> 客观事实的干扰是否优先分析取决于干扰是否直观。干扰并不表现为请求，而是以痛苦、喜悦、恐惧、心不在焉等情感形式出现。唯一的问题就是如何处理它。厌恶的情绪和干扰会使个人不知所措，让集体陷入混乱。如果这些干扰没有被表达出来，也没有被压制，它们会影响学校、公司和政府的各种事务进程，让谈判和课程朝错误的方向发展或原地打转。虽然人们坐在办公室，坐在教室，但内心却早已跑远。
>
> 决策不再基于对事实的考量，而是受到干扰的严重影响，如参与者的相互厌恶、未说出口的利益以及个人的抑郁和焦虑。因此，产生的结果没有任何意义，

往往还具有一定的破坏性。

没有干扰的教室、报告厅、车间和会议室里充满了或冷漠，或屈从，或绝望，或叛逆的人，他们的失望终会导致自己内心的崩溃和集体的土崩瓦解。

干扰和激动的情绪具有优先地位，这个假设意味着我们不得不承认这样一个事实：我们具有爆发力的身体和情感丰富的内心都是思想和行为的承担者。如果承担者动摇了，我们的行动和思想作为基础自然也是游移不定的。

另外：

由于某些原因而不能说出来的小小的不愉快累积起来可以形成关系的壁垒，引发一系列个人、关系和工作问题，这对于经验丰富的团队领导来说也是难以置信的。

如何在公司、学校以及其他集体中排除这些消极的干扰？集体的成员们都在做什么？

第一，他们假装什么都注意不到。

第二，他们强迫自己只使用极小部分精力集中注意力，因为受到强烈情感的束缚。

第三，被压抑的情感大多成为决策失误和思想错误的诱因，所以误解和错判现象不断蔓延。

在对老师或公司职员的培训课程中，我们尝试谨慎地介绍元沟通。一开始，学员们很难意识到“这么多主观的个人内容”不仅不会完全破坏“客观性”，甚至还会促进客观性的传达！学员们会产生这样的疑惑：为什么不能把信息拆开呢，这也花不了太多时间啊？科恩有时会说：“我们没有时间，所以，我们必须慢慢来！”将超载的事实维度和没有处理过的自我表达维度和关系维度拆分开不但需要时间，还需要投入大量精力——时间和精力之间的联系形成了恶性循环。

但是，这种策略也存在风险。根据我自己的经历，我知道，很多人对这种（个人—人际—客观实际）沟通方式并不熟悉，而且本能地感到使用这种方式会产生危险。此外，许多使用这种策略的人不知道如何展示他们的内心活动以及表达情感。他们的“主场优势”在事实维度，让他们对自己有逻辑的头脑以及良好的表达能力十分熟悉并感到自满。对他们来说，自我表达和关系维度并不重要，没有必要每天要求换一种处理方式。因此，他们处理问题的能力很难得到发展，进步速度极慢。但是，每一次进步都在可控的范围内。

随着时间的推移，培训课程的许多学员很快成为第二种策略的支持者，并勇敢地在“客场”处理问题。因为他们意识或了解到——第二种策略有助于不发达人格的发展。这种发展只能在“客场”中进行（客场就是我从没有在这个领域接收过训练，我不能确定输赢，以及存在失败的风险）。

第二种策略的另一个风险是，工作或学习小组会因此失去原来的客观性目的，因为大部分时间都用于维护关系和治疗个人问题。最近，一些学生的学习过程发生了动态变化，这就会发生前面提到的情况——多年被客观诉求压制的情感突然爆发，导致沟通失衡。就好像经过长时间的堵塞后，情感的开关终于被打开，从而造成了真正的人际关系问题。

科恩为处于困境的人们提供了解决方法：一方面，我们被引向客观抽象的层面；另一方面，我们不得不面对个人情感和自我感受。在主题中心互动系统中，领导者（以及集体）的任务是保持三个元素的平衡（见图50）：

•它（事实、主题、共同任务）

•我（集体中的个人，我有感情，有希望，有困扰）

•我们（集体、复杂关系网和成员之间的互动）

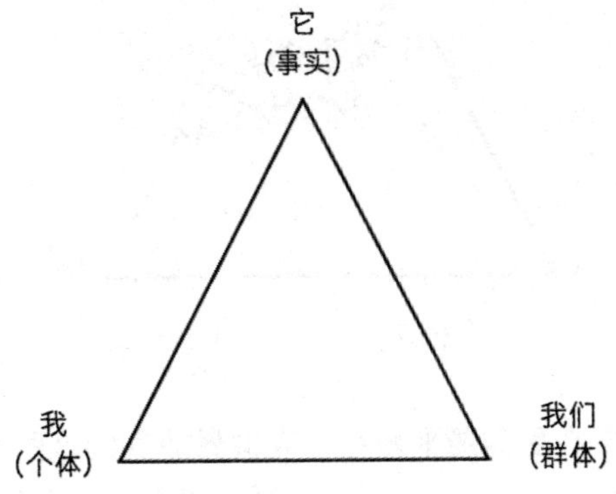

图50　根据露丝·科恩的主题中心互动系统，在学习或工作小组中的三个平衡元素

1.3 日常生活中事实和关系维度的分裂

这个三角模型不仅仅包含指导集体的平衡思想。它通过表明事实和关系维度的原始一致关系，使我们意识到这两个方面在我们的生活中是分裂的。

三角形被截断（见图51）时：我们生活在一个工作的世界里，在这里，客观事实是第一法则，个人和人际关系并未被划入工作范畴。即使被提起，通常也只是用于计算客观工作效率。例如，我们关注人际关系，是因为希望通过对人际关系的强调，加强合作，提高工作效率。但是，在职场中，个人的性格发展和人际关系的形成并没有赋予内在价值。

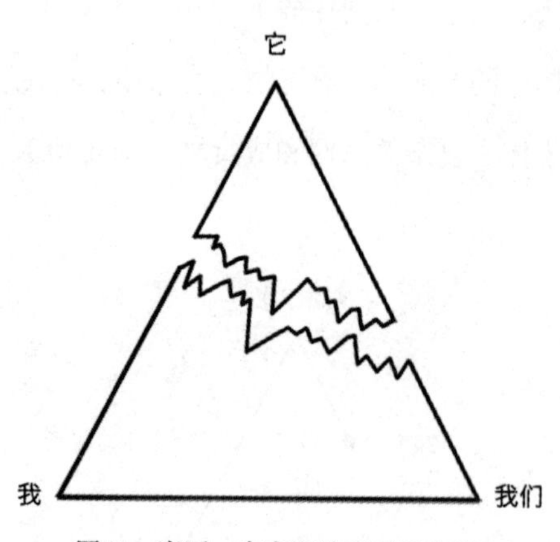

图51 当下，事实和关系层面分裂

因此，现在更需要平衡在个人世界缺少的这些经历，这也是为了实现“我”和“我们”的所有目标：安全、亲密、生活乐趣、人际交往、探索存在的意义。但是，职场只有客观事实部分,并不完整。在它的三角模型中,事实与模型的基础——“我”和“我们”分离。在个人世界或心理世界中,往往只有关系部分,缺少三角形最上面的尖,即事实部分。由于缺少共同主题和共同事实,我们彼此分离——虽然大家的关系很亲密。

在勃特勒的论文《对第三个事实的赞歌》中,他对完成第三事实必须具备的品质进行了有趣的推测,这一推测为巩固关系奠定了坚实的基础。我总结了其论文的以下内容:

第一,“较小的”第三个事实(例如,在合租公寓中一起烹饪)建立的关系从长远来看和“大”目标一样不稳定,但是,具体的合作更适合可识别的和身份相关的关系。

第二,“消极的”第三个事实,即遭到强烈反对的事情(例如,反对核武器)不适合巩固关系(因为这类事情通常带有强迫和非强迫的特点)。

第三,特定的社会机制会阻碍对第三个事实的寻找(例如,工作组织)。

第四,(夫妻、朋友之间)产生关系问题的根本原因是缺少第三个事实。

第五,只要和第三个事实分离,关系维度的心理治疗行为(夫妻关系治疗法,集体动态治疗行为)都不会产生效果,甚至还会带来毁灭性的破坏。

1.4　正式和实际的主题

那么,我们什么时候才能“完全就事论事”呢?只有当精力用于分析主题时（在谈话对象的内心世界中通常是一个与当前正式谈话完全不同的主题），这里体现的“半心半意”是一种被动的存在状态。因此，话题中心互动，正式和“实际”主题的统一可以作为改善人际交往的指南。否则，就会出现《安娜·卡列尼娜》中典型的“蘑菇对话”：

40岁的谢尔盖·伊万诺维奇爱上了一位年轻女士——华仑加，华仑加也非常爱他。他们在树林里散步，谈论了一些重要的事。

谢尔盖·伊万诺维奇刚刚重新考虑并感受了一切：“他的心快乐地收缩着。一股柔情涌上心来。他觉得他已打定主意。”当他接近华仑加时，他已经“起草”出了自己要表达的“实际”主题：

> “华仑加，我年轻的时候，就想象我会爱上怎样的女人，并且乐意把她称为我的妻子。我经历了漫长的岁月，如今第一次发现您就是我心目中的理想女人。我爱您，我向您求婚。”
>
> 他在离华仑加十步远时这样自言自语道。
>
> 华仑加跪在地上，双手保护着几个蘑菇不让格里沙抢去，同时呼唤着小玛莎。

于是，两者间“重要的话”被错过了：

> 她：“怎么样，您找到什么啦？”

他："什么也没有，那么您呢？"

她："那您真的什么也没有找到吗？其实树林里有很多蘑菇。"

他叹了一口气，什么也没有回答，心里想着："我只听说白蘑菇多半都生在树林边上，可是我也不会鉴别哪些是白蘑菇。"

长时间的沉默，他再次下定决心，并且意识到："要么现在说，要么永远不说。"

他："白蘑菇和桦树菌到底有什么不同？"

她（激动）："蘑菇帽上几乎没有什么差别，差别在根上。"

这两句话一出口，他和她都明白事情完了，原来想说的话不会再说，而在这以前他们达到顶点的激情也平静下来了。

他："桦树菌的根好像两天没有刮脸的男子的黑胡子。"

她："是的，这倒是真的。"

在日常交流中，"蘑菇对话"的结果并不总是像这个例子那样具有戏剧性。也许，例子中恋人患得患失的谈话是因为内心的犹豫不决，结果就变成了一种无意识的制止，阻止了实际主题的表达。无论如何，在我看来，我们的沟通世界充满了这种"蘑菇对话"。

正式主题的“产生”更多地来自情境的逻辑，而不是说话人的心理逻辑。一个商人去很远的地方出差，终于回到了家，妻子在迎接他后的正式话题是：“出差怎么样？”丈夫讲述了旅程中发生的事情——这对他来说是一种习惯性反应，实际上他没心情向妻子叙述出差的细节。而妻子努力做出感兴趣的样子认真倾听，但这不能完全隐藏她其实一点儿都不感兴趣的事实。

“我讲给你听，你又不认真听！”他闷闷不乐地责备妻子。

“我是没有认真听，但你说了许多无关紧要的事。”妻子也有些心烦意乱。

这是典型的官方主题与实际主题不符。

妻子真正想说的是：“在你去见了这么多人之后，再见到我，感觉怎么样？”

接受快速的训练后，我们就能阻止自己表达实际主题的倾向。这种“表达倾向”源于内在问题：“在现在这种情况下，什么对你来说是重要的？”认真对待这个问题，让这个主题成为切入点（见图52a），从我身上产生一条线，连接你我。否则，正如戏剧化的“蘑菇对话”，会产生一种“半心半意”的对话，即彼此传递无关紧要和缺乏联系的无聊信息（见图52b）。

从“第三件事”的总结中可以看出，找到切入点在现在这个时代也是一件困难的事。然而，夫妻、父母和孩子、朋友之间的关系均取决于发现共同主题的能力。在极端情况下，你可能会产生这样的想法：我们生活在不同的世界，并且经常发生分歧。假如我们几乎没有任何共同点、联系点，那么，我们还要相互喜欢吗？

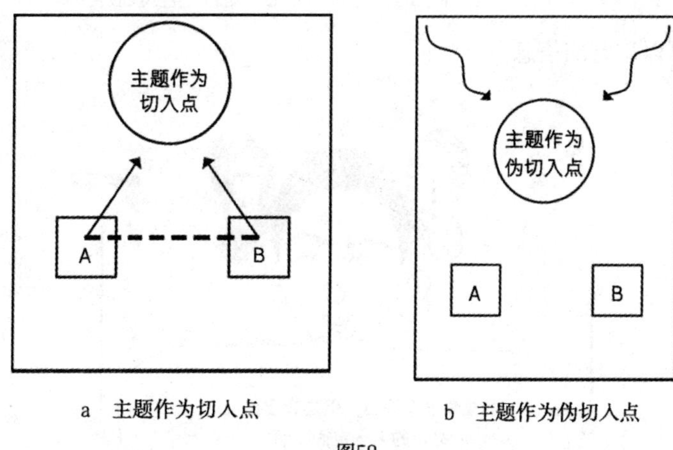

a 主题作为切入点　　b 主题作为伪切入点

图52

第二节 理解性

人们经常抱怨教科书、合同、官方条例、电视讨论、政治评论和科学报道等内容难以理解，却很少考虑如何才能理解。

无论如何，一大部分人，特别是那些只受过基础教育的语言弱势群体，经常遭遇失败经历：他们理解能力差，因此变得灰心丧气，最后逐渐放弃了对获取信息的希望。

将成年人定义为能够获取信息的人，显然不符合民主原则。此外，信息接收者通常认为自己很笨。于是，他们不仅无法接收难以理解的信息，还会觉得损害了自尊。

那么，我们可以做些什么？

信息发送者和接收者都必须学习。最重要的是，接收者必须学会拒绝产生敬畏感（见图53），而是自信地坚持他有权利获得可以理解的信息。

图53　心怀敬意的信息接收者和难以理解的信息

信息发送者可以从我们的研究成果和培训手册中学到什么？我们的“汉堡理解项目”对这方面进行了详细的报告。我将简略地向你展示一下。

2.1　关于“理解性”的概述

以我们的研究为基础，我将分别回答关于理解性的以下四个问题：

•什么是理解性？回答：信息文本的属性体现在四个方面。因此，我们将了解四个维度的理解性，分别是：简单、分段有条理、简明扼要、附加刺激。

•理解性可以衡量吗？回答：是的。每个文本（或演讲等）都有四个参数，每个参数都影响“理解性”。经过五个小时左右的学习，你就可以测试文本的“理解性”。

•为了让读者容易理解，每个文本使用的方法是否各有不同？回答：是的。如果理解性诊断为有问题，可以根据信息目的调整参数，使文本更易于理解。实验表明，读者获取的信息比文本发送者想象的要多很多。此外，他们同样会追求愉悦的阅读感受。对学生的调查研究也获得了相同的结论。

•可以学习如何发送易于理解的信息吗？首先我要反问：你希望不顾自己的面子学习如何发送难以理解的信息吗？回答：想要学习的人会有巨大的收获，仅有好的初衷和建议是不够的。有一些配有练习和例子的训练项目（参见下文）才可以更好地帮助你。

作为读者，你现在一定知道后面的内容是什么。你已经初步了解了“理解性”——这样的“概述”可以使理解变得更容易。因此，发送文本时不要马上就开始写，首先告诉读者它是什么，然后才是文本的结构。这样，你就能在“分段有条理”方面获得较高的评分，这是“理解性”的第二个支柱。

2.2 什么是理解性

在研究开始时，我们一直寻找易于理解的文本特征。我们咨询了许多老师和专家，例如：为学生写一个关于如何根据存款单填写账单的文本，如何让它尽可能地容易理解？

通过这种方式，我们获得了许多具有相同教学目标但形式不同的文本。随后，我们分发文本，让学生阅读，然后用测试来检查学生获得了多少信息。最终，我们发现：有些文本很容易理解，有些文本则几乎看不懂。

当然，现在出现了这样两个问题：容易理解的文本具有哪些特征，与难以理解的文本有何不同？我们一直在寻找的不是特定文本，而是对所有文本都有效的文本特征。

经过研究，答案很明确，信息文本有四个不同的“语言维度”：

①简单（相反：复杂）；

②分段有条理（相反：混乱不连贯）；

③简明扼要（相反：啰唆冗长）；

④附加刺激（相反：无附加刺激）。

这四个主要特征表示什么？也许，它们的名字已经透露出了一些内容。但我想要更详细地介绍它们（见图54）：

简单和复杂。这一组概念是第一个理解性参数，展示使用的语言难易和理解性的关系。例如，越来越多的公民向消费者组织抱怨官方报告难以理解。还有，相关调查显示，每两个人中就有一个抱怨电视上的科学报道不容易理解。

事实上，简单性可能是最重要的理解性参数。同时，它能清楚地将“受过教育的人”与“未受过教育的人”分开。但是，理解和获取信息绝不仅仅取决于“简单”。

图54 “简单”和对手“复杂”的自我介绍

分段有条理和混乱不连贯。第二组理解参数不涉及语言形式（简单），而是代指整个文本的结构。它的意义随着文本的长度而增加。对于短消息，接收者可以不费力地“攻克”，因为信息的结构一目了然。我也曾在前面的概述中提到让文本结构更加清晰的方法。

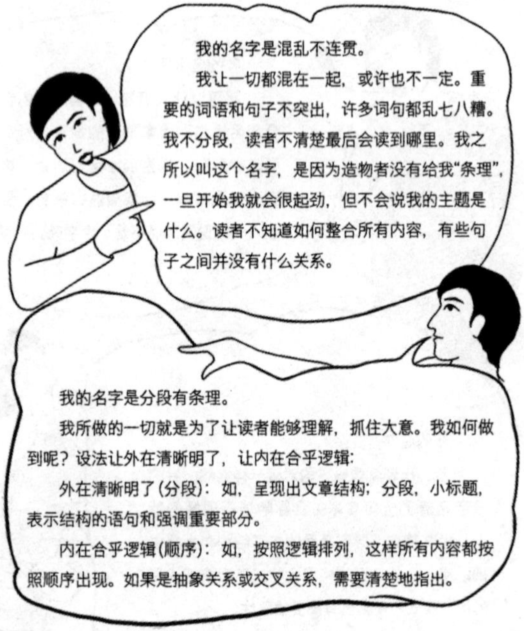

图55 “分段有条理”和对手“混乱不连贯”的自我介绍

简明扼要和啰嗦冗长。一些研究证明电报风格非常利于阅读，且中间是最好的位置。冗长的文本难倒了许多年轻学生。他们找不到要点，注意力迅速下降。冗长的文本在印刷物中并不常见，而常见于自由演讲，特别是在委员会的讨论中和公司的部门会议上。

我经常会经历那些磨灭了所有语言生动性的冗长演讲——每个简单的小消息都充斥着许多引导语、修饰以及能够变成一段演讲的解释，永远不会触及内容核心。至于信息接收者？他们早就不再聆听了。他们中的大多数人正忙着为自己的演讲准备他们的“参考资料”。

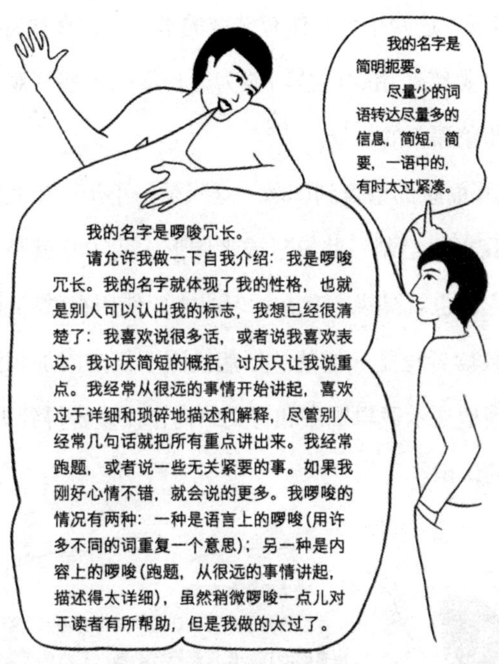

图56 “简明扼要”和对手“啰唆冗长”的自我介绍

附加刺激和无附加刺激。到目前为止，这第四组理解参数几乎从没有被研究过。最初，附加刺激只用来概括不同修辞手段，让信息接收者不仅在知识上，还在情感上引起波动。从这个角度来看，学习也可以很有趣——它不只刺激大脑，还能在和人交流时变得更加有意义。

那么，我在本书中使用了哪些附加刺激手段呢？

•我通过引用我生活中的例子以及读者日常生活中的例子，展示重要的事实情况。从引入信息的四个维度时就已经开始了。

•我经常使用比喻，让一些基本经历更加有画面感。例如，

“主场和客场”这两个取自体育领域的术语，我喜欢将其转化为心理现象。熟练使用这些技巧能为心理学的一些客观事实提供大量让人印象深刻的场景。

•从有画面感的语言到图示，这只是一小步。当我解释一些事情时，我喜欢绘制一些符号或者图形。我本身就是一个“视觉型”的人，也就是说，我在学习时主要使用视觉感应。我想，我的大多数读者也是一样的。当然插图不仅是附加刺激，通常也通过清晰地展示逻辑顺序和行文结构，让读者得到更加清晰、更有条理的认识。

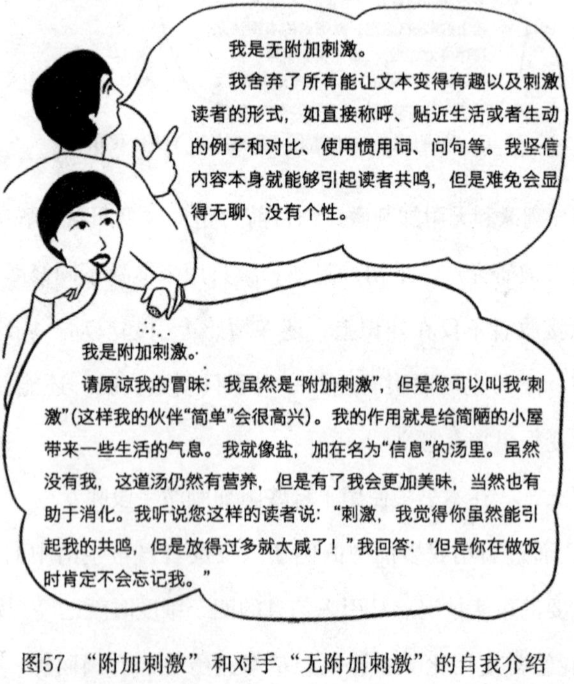

图57 “附加刺激”和对手“无附加刺激”的自我介绍

•有时候，我会对抽象概念进行个性化处理，使用口头语言表达。如前面的理解参数的介绍，每个参数直接和读者对话（我经常使用直接对话的形式）。

这种来自诗歌和戏剧的处理方法能让所有事物“发声”。因此，我们不仅仅从人或从机构组织收到“信息”。例如，一个“豪华”装饰的客厅可能会向客人发出信号：“在这里，你不能大声笑，不能跷腿，不能随意走动。请举止得体，礼貌客气地说话！”

•偶尔，虽然不是经常，但我会谈论自己并将事实信息与我个人联系起来。也就是说，我试着说明为什么这些事实对我来说很重要，它如何发生在我身上，以及它对我的意义。这种事实的传达和自我表达的结合在心理学上是不被允许的。这里，理想的客观真理与被谁发现、由谁表达没有任何关系。我并不否认这种理想的客观性，但我认为，每个知识都或多或少地有意识或已经承认被贴上了一些人的标签。每个认知行为（也就是所谓的客观实验）都存在一个被承认或未被承认的前提、特殊视角和特殊观点（以及效力衰退）。毕竟，科学家不可能跳出被探索的世界范围之外观察，而是“身在此山中”，科学家的每一个寻求真理的行为都带有自己的偏见，每一个行为都给他的个人和生活带来影响，每一个行为都包含了他的价值观。因此，每一条“科学信息”都包含一个自我表达维度，这让科学发现又显得不那么科学。

特别是人文心理学学者对这种观点十分赞同，保持并保护每个人的文本风格。例如，卡尔·罗杰斯曾说过：

> 你可能会觉得很奇怪，我讲述了很多关于寻找简单、临时的语言组织的故事。我这样做是因为我相信十分之九的研究总是隐藏在表面之下：你只能看到冰山一角，连这冰山一角也不一定真实。

很少有人会描述整个研究方法，因为它存在于个体之中。我还想向你分享整个调查以及一些正在发生的事情——而不仅仅是客观的部分。

同样，对于露丝·科恩来说，每一篇科学文献也都是第一人称消息。在一篇关于体验疗法的文章中，她使用了一种她称之为“体验写作”的写作风格：

> 我想在体验写作的过程中完成这篇关于体验疗法的论文。我想尝试让读者进入一个虚构的体验过程。另外我想要体验此时此刻，以便更好地传达我的主题和我写的内容。

如果传递的信息可以直接扎根在人的身体里，如果事物和人，事实和关系层面能够相互分离，这样信息的传递过程就会变得生动。当发送信息的人传达的内容非常精彩，大多数接收者的内心就会更积极地获取信息。

2.3 理解性的测量

文本的四个参数使用什么样的计量单位，取什么数值时才能让文本易于理解？

“测量”理解性的愿望已经存在了很长时间。弗莱士以及其后许多人都提出了所谓的“可读性公式”。例如，确定文本的平均句子长度和平均单词长度，并将其组合成总值，从而创建一个客观的尺度。

然而，事实证明，这些值在预测读者对文本的理解程度方面并没有太大价值。这并不奇怪，第一，长句和长单词不一定难以理解。这取决于很多因素，例如句法和语法结构是否熟悉，是否有词汇解释等。客观尺度忽视了这些伴随因素。第二，这种可预测的特征只选取了几个“简单”的方面，自然包含了第一个理解参数。其他一切，例如有条理和内在逻辑则全都不予考虑。

客观尺度规则并不是一个成功的发明。测量理解性需要像人脑一样更加智能的工具。

因此，我们采取了一种完全不同的方法：每个理解参数都有一个“刻度尺”，每个尺子有五个刻度（见图58）。

测量标准是这样的：训练有素的法官在阅读时会对每个参数有所判断。然后，他们给出四个值——每个参数一个值。然后将“产品测试”的结果输入一个由四部分组成的“理解性表格”中，如图59所示：

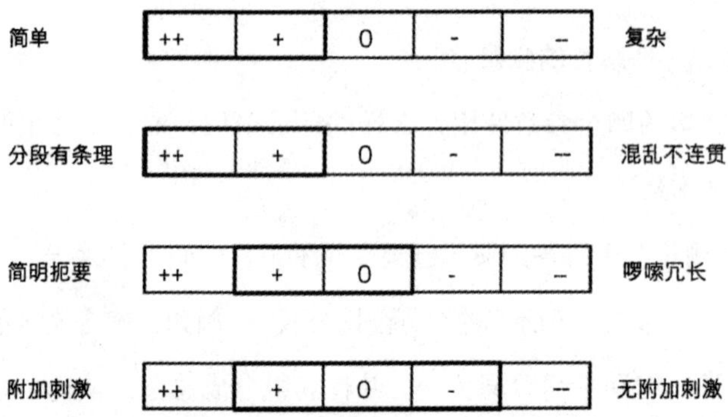

图58　理解的四个维度和每个维度的标尺（粗框圈出的是最有利于理解的刻度）

简单	分段有条理
简明扼要	附加刺激

+	-
0	++

图59　理解性诊断的可能结果（左图为每个空格代表的维度，右图为对应数值，对比图58）

如果用语言表达的话，文本的理解性诊断如下：

“文字的措辞非常简单（但是还没有达到极度简单，这意味着还可以更简单地表述实际情况）。另外，缺乏清晰的连接度，表述也不甚清晰。内容方面既不紧凑，也不拖沓，含有很多（太多）的附加刺激。”

也许有一天，必须要为书籍和文章提供一个了解内容理解性的窗口。这将是一个有意义的“消费者保护”措施，并激励作家们创造更好的价值。

2.4　提高文本的理解性

来自公共生活所有领域的信息文本是否可以提高理解性？在提高的同时，是否能不损害原信息目标？对此我们收集了各种文本，从手册到官方公告再到科学技术文本。我们尝试通过不同的方式解释内容，以便优化四种理解参数。最后，相同内容都有两个对应的文本版本：原始文本和改进的文本。

我将在后面选择一个简短的文本作为例子，它是我从一本期刊中摘下来的。这是一篇较长的文章，主要针对老师（和师范学生）。然而，我知道的所有老师在（最多）看了几行之后就把文章放下了，他们认为文章的内容非常无趣。

简单	分段有条理
简明扼要	附加刺激

原文

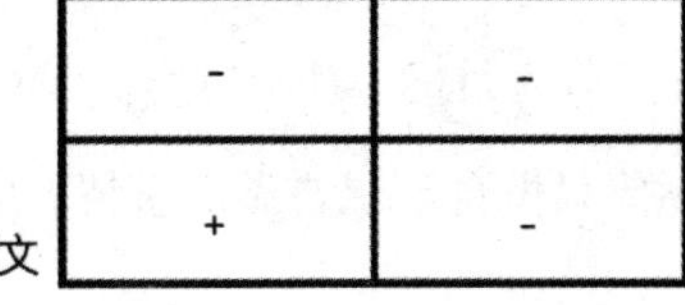

-	-
+	-

图60

沟通是象征性信息传递中的互动，事实上，就像互动一样，这也意味着参与互动和沟通的人行使控制权。因此，语言教育应被视为社会行为教育的一个领域，通过盲目遵守给出的角色规定和特立独行形成的对比理解社会行为的概念。为了能够在理性的基础上，以及在一个沟通集体中和某个个体进行交流，个人语言不仅必须被当作阐释、分析、认知的媒介，还必须作为反射沟通中的关系，以及展示沟通或表达客观的、主观的或陌生的意图的需求手段。所以除了掌握各种语言代码之外，还要求对语言的各种细微差别和隐含的意义具有敏感性。

简单	分段有条理
简明扼要	附加刺激

+	++
0	-

更容易理解的文章形式

图61

沟通意味着语言或其他信号的互相反应、相互影响，这也意味着行使控制权。因此，语言教育始终是关于如何与他人打交道的教育和社会行动教育。社交行为应该是什么样的？为了达到目标，在语言教育方面需要注意什么？

教育目标（社会行为）：不要盲目地做别人想要的一切，也不要只做自己想要做的事情。应该理性地与他人打交道，然后团结一致。

语言的教育任务：语言并不只是思想的外衣。我们有时也会思考“我们如何相互对待”，以及“我和其他人背后的意图和需求是什么”？

你还必须学会理解那些和你的表达不一样的人。你必须有一根灵敏的天线，以便更好地理解人们说话的真正意图。

当我在心理学讲堂上一个接一个地阅读以下两个版本的文本时，总会发生以下情况：在阅读原文之后，听众变得绝望，有时会对复杂的语言产生厌烦，有时甚至会对科学产生敬畏，但还是什么都理解不了。然而，在阅读更易于理解的版本时以及阅读完后，我听到了很多笑声：平庸乏味到可笑的内容居然可以变得这么高深莫测。

以下，是我从心理学期刊中获取的一项研究的简短版本：

探究每天系列训练的时间分配对涡虫学习的影响。这些动物表现出了一个惊人现象：即使进一步调节，也不能保持相同的学习标准。保持同一速度的7个小组在六边形迷宫练习次数相同，随机决定1.5小时、2小时、3小时、6小时、12小时、24小时和48小时不同的休息时间，在自由选择之前和学习之后再进行测量。

事实证明（在经过9—11次练习之后已经非常明显），休息6小时后学习效果最好。较短和较长的休息时间都会导致学习越来越差，然后会过渡到昏昏欲睡状态和死亡。定向训练后的自由选择和结果仅对短时间间隔组有意义，对于较长时间的间隔组没有明显效果。

简单	分段有条理
简明扼要	附加刺激

-	-
++	-

原文

图62

修改后的版本：

原始状况：研究对象是涡虫（某种蠕虫）。根据美国康明斯的研究，如果涡虫中途曾经“学习”过一些东西的话，它们很快就会忘记——即使为了让它们继续正确地表现而奖励它们也无济于事——真是一个奇怪的现象！

提问：现在我们想要找出：如何分配练习时间，涡虫的学习效果才能达到最好？

实验设计：在迷宫中对选择对的方向的蠕虫给予奖励。将这些蠕虫分为7组。虽然每组训练次数相同，但是练习之间的休息时间不同，分别为：1.5小时、2小时、3小时、6小时、12小时、24小时和48小时。在练习之前、期间和之后观察蠕虫的表现（其中相应的表现不再得到奖励）。

结果6小时休息时间效果最好。我们在9—11次练习后注意到了这种现象。随着休息时间变长或减少，学习效果变得越来越差，涡虫不再参与练习并死亡。

结果2：练习前后的表现仅在短暂的休息期间有显著差异。

简单	分段有条理
简明扼要	附加刺激

+	+
0	-

更容易理解的文章形式

图63

最大的问题是：根据刻度尺改进的文章真的更易于理解吗？即使是那些对“四个理解参数”一无所知的读者？

令人印象深刻的是，改进的文本实际上变得更好了。至少，由刻度尺测量出的数值差异非常明显。另外，让我们感到惊讶的是，所有读者都可以通过更易理解的文本而获益。我们本来就预料到：拥有高中学历的读者已经能够很好地理解原文。相比之下，只接受过基础教育的读者获得了更大的进步，这个结果是我们没有想到的。

在阅读原文时，高中学历读者要比初中学历读者的分数高，初中学历读者又比只接受过基础教育的读者得分高。然而，随着文本的改进，三个组的理解都有了进步，但排名仍然不变。

从中至少可以看出：只接受基础教育的读者通过改进文本能够获得高中学历读者阅读原文后获得的分数。换句话说，如果让高中学历读者阅读原文，而给接受过基础教育的读者改进的文本，那么，这两个群体能达到同样的理解水平。

另一个结果是读者在情感上对可理解的文本做出了反应。他们中有65%的人喜欢阅读改进的文本，而喜欢原文的读者只有27%。

2.5　信息传达的理解性训练

请求信息发送者“请表达得容易理解一点儿”，这个建议是没有用的，同时对提高文章的通俗性也无济于事。“让它变得简单、清晰、简洁、带一些修辞”的建议和请求也不会起任何作用，因为信息发送者的语言和表达习惯已经使用了数年甚至数十年。

然而，现在有了一个更加有用、更加系统的练习方式。首先，使用四个理解参数准确评估信息文本是很重要的。这种感知训练是行为改变的重要组成部分，这样目标就实现了一半。另一半则来自个人的行为：学习的人可以创作简短的信息文本，然后将他的文本与专家的文本进行比较；练习每一个有待改进的理解参数，最后将四个参数结合，同时练习。

通过这种训练方法，意味着学习过程不会再分解为更小的详细步骤（例如，将复合短语转化为动词形式 = 简单训练的一部分），最主要的还是模仿练习。

在教育工作者和数学老师的培训课程中，都曾进行过这些训练。训练的结果表明：容易为人所理解的表达能力并不是与生俱来的天赋，所有人都可以掌握它。

第三章　信息的关系维度

第一节　概览（如何与我交谈）

“他怎么这么和我说话？”如果有人被冷淡对待，他自然就会产生这种想法。

这个人的想法并不是对事实维度做出的反应，也许，他还会肯定对方传达事实维度的消息。他接收的是信息发送者对他说话的方式，这种方式传达出的是：“我们的关系就是这样，我就是这样看你的。”这种信息可以通过措辞、音调传达，也可以通过面部表情和手势表达。

消息的第三个维度在人际交往中具有重要作用。我在传达事实时，不可能不使用某种态度对待他。我对他说话，表明他对我来说不是“空气”！

虽然事实消息主要针对接收者的大脑，并且由对方的大脑进行评估，但伴随的关系消息却直接进入“心脏”（见图64）。

收到自我表达维度消息后，接收者是一个相对不受影响的“医生”（啊哈，你是这样！）。然而，接收到关系消息后，他就

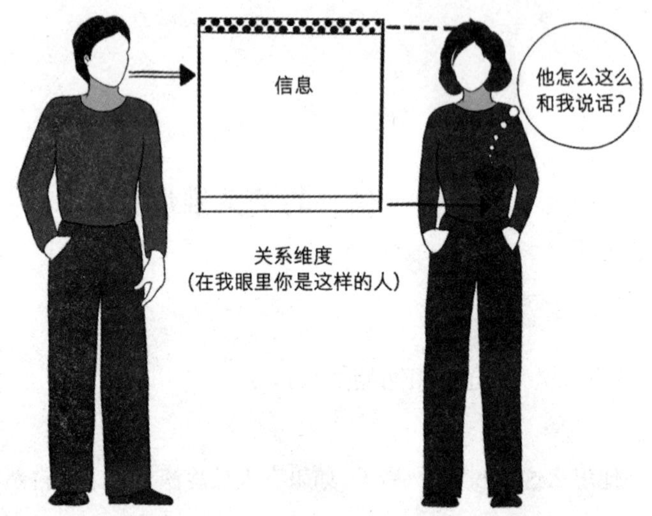

图64　事实消息更多传达到大脑理解，而关系消息仿佛会直接传达到“内心”

会受到影响（我应该怎样？）。接收者对这一个维度的消息有非常灵敏的“耳朵”。

以前的心理治疗方法表明，哪怕是唱一首歌，一些人都会联想到关系维度，而不是接受正确的内容。他们是从关系维度看“实际”。“在情感上的反应（通常是无意识的）不是针对对方所说的内容，而是对方说话的方式。”然而，关系消息的意义不仅在于情感的瞬间效应，还在于它们长期对接收者的自我概念形成的“贡献”。（“我就是这样！”）

最近几十年，教育和工作越来越强调关系维度的重要性。根据现在的观点，人格不是根据学到的内容（事实教材）形成的，而是根据孩子和学生接收到的成千上万的关系消息形成的。学习和教育总是同时进行，可以直接从信息的四边形模型中读取。这里要注意的是，这种关系的信息不仅来自人们的话语，还（无意识地）来自制度。

关系维度对于工作也具有重要意义。我如何被对待？我们如何相互对待？日常工作质量和这些“态度”息息相关。不仅如此，对“工作氛围”和“领导风格”的研究证明，关系维度与奉献精神和绩效密切相关。很明显，如果我每天都被指出：“你算不上什么，你的想法不重要。你不能这样，你以为你是谁！”然后我感到人格受到贬低，失去了自尊和承担责任的快乐。也许我会寻找各种方法让自己变得“重要”，但这些方法不一定有利于合作。

另外，如果我感到我的观点被认真对待，那么我的满足感就成了工作满意度和奉献精神的基础。同时，从这个角度看也存在一定风险：信息的关系维度是功能化的。管理者在“人际关系培训”中会学到：向员工传达人性的情感并不是为了向他们传达道理，而是用一种更有影响的手段激励他们。

严格来说，消息的关系维度包含两个不同的方面。为了让思想顺畅，有必要将这两个方面区分开来。一方面，关系维度表达了信息发送者如何看待接收者以及对他的看法。相应的第二人称消息表达为：“你（在我眼里）就是这样！”另一方面，这个维度还包含信息发送者的关系定义：“我们的关系就是这样。”（见图65）

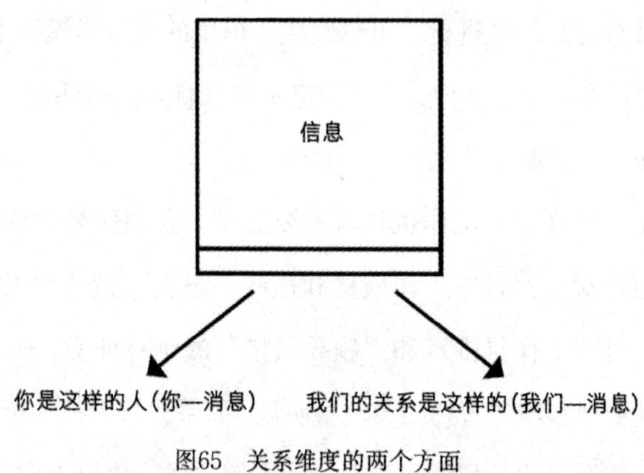

图65　关系维度的两个方面

一个大公司的清洁工在走廊里遇到了领导，他愉快地向领导打招呼："嘿，老伙计，你好吗？你和夫人的关系还好吗？"这个询问包含一个非常私密的关系定义，领导不可能告诉他实际情况。因此，清洁工会反应为惊讶和愤怒，并产生这种感觉："他跟我说话真是傲慢，原来他这么看待我！"

为了从概念上标记出这种差异，我们会说，信息的关系维度包含"你—消息"和"我们—消息"。虽然这两个方面并不总是明确地分开，但这种区别在沟通心理学方面是有意义的，在下文中我首先想要解决"你—消息"的问题，然后再解决关系定义（我们—消息）的问题。

第二节的例子显示了在事实和诉求相同的情况下，不同的关系维度会产生什么不同：老板注意到秘书将文件分类搞错了。让我们来看看六个不同的老板如何反应（不幸的是，语音语调不能以书面形式传达，但它在这个场景里又非常重要）。

第二节　捕捉关系事件的工具

图66

在实践中，还有很多方法可以表现出对对方的态度。如果我们舍弃细微差别，减少分析的过程，那么，我们就可以利用科学的方法进行分析。在这里我想介绍两种能让人际关系更加清晰的工具：“行为十字”和“相互作用分析”。

2.1　行为十字

对领导和老师行为的实证研究表明，信息接收者主要通过两种方式滥用关系维度：羞辱和家长作风。更详细地说，根据他们对待下属员工或学生的方式，领导或老师与其他人有两方面不同：

第一，欣赏与蔑视。第二，控制、约束与承认选择自由。两个特征结合产生了图68中的行为十字，但首先我想单独解释这两者的不同：

关系：（领导1）老板承认可能会犯错误，以对待同事的态度对待秘书。情感的反应或积极或中立。

领导4
内尔迈女士！(停顿)在绿色文件夹里胡内尔曼的文件！我真是找的半死。我的工作已经够多了(叹气)。请给我一片头痛止疼药行吗？

领导5
内尔迈女士，我真的不想说，但是你(嗯)又因为疏忽(嗯)犯了一个错误。你是身体不舒服吗？家里有什么事？你可以说出来，我们每个人都有不顺心的时候，是不是……

领导6
内尔迈女士，我很喜欢你的认真，将胡内尔曼的文件放在绿色文件夹可不是你会做的事。

图67

关系：（领导2）友好，但老板借助这次的小错误，给秘书上了一次冗长的课。秘书被看作“学生”，老板认为秘书处理信息的能力相当低（您还记得吗？）。结果，谈话演变成老板絮絮叨叨地说教——强调他的地位优势。秘书可能会在情绪上做出消极反应。

关系：（领导3）老板通过诘问和说教的行为来羞辱秘书。他露骨地向她展示了她的“失败”，并用一个笑话来表达对秘书的原谅——这个笑话是一种残酷的机智，表明他才是这里的主人。秘书当然会对这种“令人发指的语气”产生非常消极的反应。

关系：（领导4）自我放纵类型的人，“我因你的错误而难过”的信息会引起秘书的内疚和气愤。

关系：（领导5）揭示了他在秘书的错误中看到的一些问题，在这里领导好似一名治疗师。秘书的反应可能非常消极。

关系：（领导6）高高在上的态度，但由于具有讽刺意味而非常模糊。伪装友好或是清晰的信息：“我认为你是一个负担，我只能使用这种黑色幽默？”秘书也不确定如何解释这一关系，除非她“知道”并且明白“老板的意思”。

欣赏的意思是：在信息发送者所说的内容中，他认为信息接收者是一个受人尊敬的、有价值的、平等的人，并表示出他的善意，包括礼貌和机智、友好的鼓励和言语行为的可逆性。可逆性意味着“反之亦可”，发送者以某种方式和接收者说话，接收者可能会对发送者使用相同的态度，而不会危及关系。这个特征在等级关系中尤为重要，例如亲子、师生、上下级。

由于这里极易产生误解，我还想明确“欣赏”的含义：一贯的友善和包容。欣赏不是一杯“温暖的牛奶”，而是一种将他人视作自己对正式沟通对象的尊重，即使在冲突和激烈争端中也是这样的态度。

蔑视的意思是：发送者将接收者视为下等人，以高高在上的态度拒绝、贬低、羞辱对方，且态度冷漠。此外还包括：漠视、愚弄、羞辱、厌恶等。他们的关系是“不可逆转”的，发送者不允许接收者（通常是下属）以自己对待他的方式对待自己（比较2号到5号领导）。

控制、约束的意思是：指一种行为风格，旨在影响接收者的思维和行为，例如，通过指示、规定、提问、禁令等。当发送者通过他的消息告知接收者他授予接收者独立决定和行动的权利时，很少有控制和约束的意味。

高度的控制和约束经常导致接收者的内部抵抗，比如：“我不想遵守规定或受到监视！”这些想法表达了对自己决策、主动和自由发展的渴望。在教育方面，高度的控制阻碍了自信的发展和充分自由的学习。童年时代的许多蔑视和一些年轻的反叛可以理解为是对唠唠叨叨的抱怨或指责的反抗。

信息关系维度的沟通诊断：使用情感和控制维度，我们就能构建一个有意义（尽管很粗略）的诊断框架来描述人际交往的关系维度。如果我们观察教师或领导（以及配偶、同事等）如何与下属打交道，就可以分别对这两个维度进行评价。假设这个评价程序在极度赞赏和极度贬低的表达之间存在许多中间阶段，你可以在坐标中输入观察结果和相应数值（见图68）。

当然，有很多混合形式类型的人。在图68中，有四个“纯粹”类型的代表。一是信息发送者，他使用自己交流的方式，表达对另一方的赞赏，同时也表达领导、约束和控制；二是所谓的“专制的骨头”，他会强烈支配、约束，同时贬低和轻视接收者；

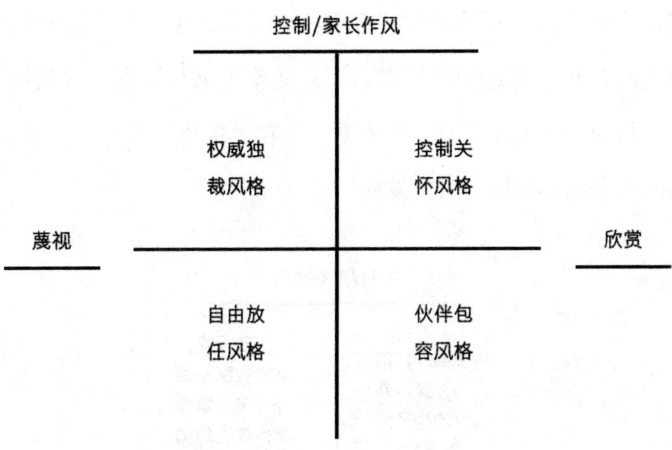

图68　信息关系层面的两个重要维度：情感和控制维度

三是对对方不关注也不厌恶的人，他们不太约束、控制、领导对方；四是“放任自由”的类型，他们奉行“做你想做的事情！”第四种类型将对方看作有价值的沟通对象，他们完全不会约束对方，也不会给对方设置各种约束规则。

另外，对沟通的详细分析可以从评价情感和控制维度中的个别表达入手。

以下是一个家庭教育的例子：

全家人准备去参加一个聚会，大家正在用心地装扮自己。这时，14岁的女儿问：“妈妈，我穿牛仔裤，行吗？”

不同母亲的反应在坐标系中显示为下图，每个反应都在适当的象限中（见图69）。

行为训练可以建立伙伴关系吗？当我们1970年在全国旅行

时，当听到在教育领域中“希望获得更多民主”的人所提出的问题时，我也被这个问题吸引了：随着国家和制度的政治民主化，行为和个人价值观也在不断“内在民主化”。因此，人格结构的民主化必须顺应时代发展。

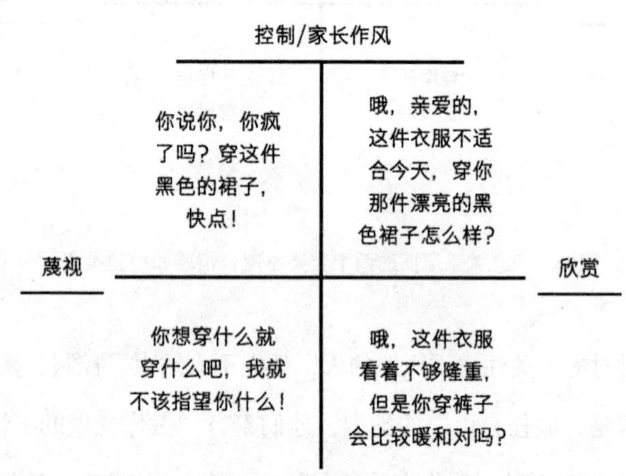

图69　母亲的四种表达方式

当我还是一名心理学学生时，我经常惊讶于人际关系可以在打网球和开车中体现，并为之着迷。基本上，我现在仍然赞成这种心态。然而，随着时间的推移，我当时的一些天真想法无法继续维持下去了。一方面，必要的眼界拓宽抑制了我对心理训练的乐观情绪，类似传教一般的热情消失了；另一方面，我们的心理条件有了明显的改善。

那么，我所说的“天真”和“眼界拓宽”都是什么呢？

第一，我们认为专制行为是学习过程错误的结果，但可以通过改变旧的合作方式得以纠正。因此，我们给参与者设置“艰难的教育情境”，让他们得到彼此协作的、非专制的回应，并在角色扮演游戏中加以练习。这种方法虽然会导致“吸引人外表”的心理，但是可以提高感知能力，增加行为数量——因为缺乏行为数量（我应该怎么说呢？），并且不敏感（为什么其他人会难过？）会导致不利的行为。

沟通错误的原因通常是“更深层次”的，我们发送和接收的方式是我们整体人格根深蒂固的一部分。因此，与他人打交道时选择贬低或傲慢的方式可能是希望通过压制对方来追求自我提升。在这里，我们再次看到了自卑感，它的缓解是通过（暂时）贬低其他人实现的。家长作风和不断力争处于优势的目标可能都是想缓解自卑感。

所以，为了实现提高“沟通能力”的学习目标，需要一个促进整体人格心理健康的课程。换句话说，自我意识和自我接纳必须先于或至少伴随着新行为的实践。

第二，在前面所描述的行为练习中，我们隐含的假设中存在与情境无关且与关系无关的理想行为。这种暗示与“一致性”的概念基本相矛盾。我们假设，这种理想的行为可以按照与学习网球相同的学习原则来实践：观察角色模型、练习、反馈。不幸的是，我们忽略了一个小的复杂因素：如果行为的外部和内部差不多一致，即如果外部行为被相应的内在情绪所覆盖，那么，人际行为就只具有心理意义。

然而，前面提到的学习模式并不能训练“理想的”内在情绪（这并不意味着不存在感知教育的可能性）。在极端情况下，参与者表现出欣赏、妥协和理解行为，但这些行为是非常不真实的，是训练的结果，因为它没有被相应的感受和态度所覆盖。以现在的观点来看，首先强调处理自己感受的自我意识应该优先于实践行为。

第三，我们做了以下进一步的假设：某人的行为方式，首先是他性格的表达。因此，我们开始关注个体，为个别老师（领导、员工）提供行为培训。在此我们没有重视行为对关系的依赖。

沟通参与者互相误导了某些反应，也许A可能会比B更能引发我的“性格”。在我看来，这种观点应该少关注个人而更多地关注互动规则——并不是取代个人，而是补充它。

另外我们低估了制度因素，即社会预先确定的阶段，其中A和B符合强加的角色规则。当老师表现为控制和贬低他的学生，其原因不仅仅是老师的专制性格和没有接受良好的心理教育（这是20世纪60年代至70年代陶施夫妇惊人的研究结果）。这是单方面将问题“个性化”和“心理化”，有些人对心理学“忽视制度”的批判是正确的。的确，制度框架是导致学校或老师产生这种行为的原因，这已经在实证研究中被证实了（注意，我在这里使用的是“导致”，而不是“强制”）。

那么，我们该如何看这个问题呢？学校根据社会要求，基本上把学生置于一个“不可能”的情景：静坐几个小时，远离生活，接收一些往往与生活无关但却写在教学计划中的知识。在大班教学的背景下，个人的需求和愿望在很大程度上被搁置，成绩完全替代了学生的价值。这种个人价值来自一些与成绩相关的维度，并基于和他人的比较。可以说，每个健康的孩子都不会完全接受这种情况，他们会进行“干扰”。这些干扰（捣乱、冷漠）会让老师感到被反对（即使实际上学生在针对该制度），特别是如果老师对教育抱有极大热情，并且强烈希望好好教书时，他将采取施压和贬低的行为打击扰乱者，认为烦人的学生“充满恶意”或“心理有问题”，借以给自己救赎和幸免的机会。

这种观点具有说服力，证明了（逐渐）改变制度条件的必要性。它提醒心理学家（和老师）要谦虚，并向他们展示他们想出的解决方法的局限性，同时警告他们不要通过心理学方法转移问题的根本原因。反过来，这种观点不应导致以下立场的产生，因为它先后得到贝恩菲尔德以及他的追随者的支持：由于制度条件必须改变，为了个人发展做出的所有努力不仅无用，而且因为存在系统维护效应，会产生消极影响，并会引起冲突——“被敌人分散了注意力”。

没有规矩不成方圆。关于制度条件的观点会让人性变得简单还是复杂，这在很大程度上还是取决于个人。即使有这些制度条件，而且被这些制度条件包围，或者反抗这些制度条件，人格仍然需要通过行为来表现。因此，没必要一定要消除人们内心阻碍人性的条件，一直等待外部条件的改善。

2.2 相互作用分析

在行为十字之后，我想介绍第二种工具，它可以让我们看到对话双方在关系层面发生的情况。这个工具就是所谓的“相互作用分析”，其优点在于它还涉及接收者——从而使这种互动可见。

相互作用分析可追溯到美国精神病医生埃里克伯尔尼，还有几本通俗易懂的书籍，所以，我在这里只做一个简短的介绍。

相互作用分析法是假设我们每个人都有三个性格面，都与“自我状态”有关，即“父母—我”“童年—我”和“成年人—我”。

“父母—我”。存储了父母曾经给孩子的一切：帮助、保护、智慧、劝诫、禁止，以及人应该是怎样的。当我们沟通时，我们性格中的这部分有时就会出现：“是，是，现在的年轻人啊！”（抱怨）“父母—我”模型有两个方面（图70b）：要么是批判的、判断的、道德化的，比如：“梅尔小姐，如果你能保持房间整洁，你现在就能找到文件了。”或者“亲爱的胡什贝格先生，这真的不行！如果每个人都随心所欲地离开，我们的合作就不会成功！”要么是关心的，比如：“你最好穿上外套，好吗？外面很冷！”

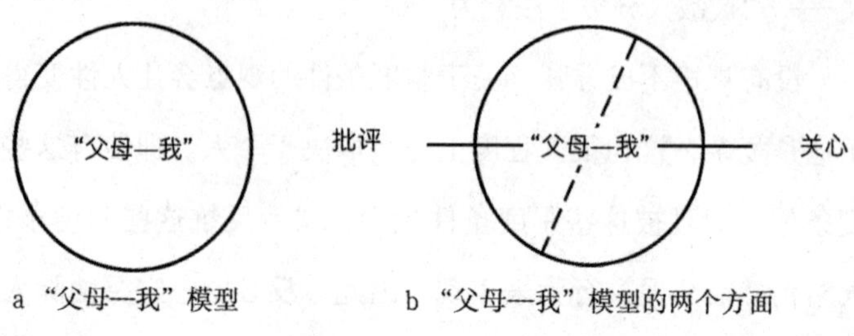

a “父母—我”模型　　b “父母—我”模型的两个方面

图70

"童年—我"。包含那个时代的所有感受和反应。每个成年人都希望自己表现得"有价值"、理性、拥有自主权，但是他们内心却住着一个"小家伙"。这个"小家伙"有三面：自然（精力旺盛、贪玩、自由）；适应（勇敢、顺从）；叛逆（挑衅、粗鲁、害怕受伤）。

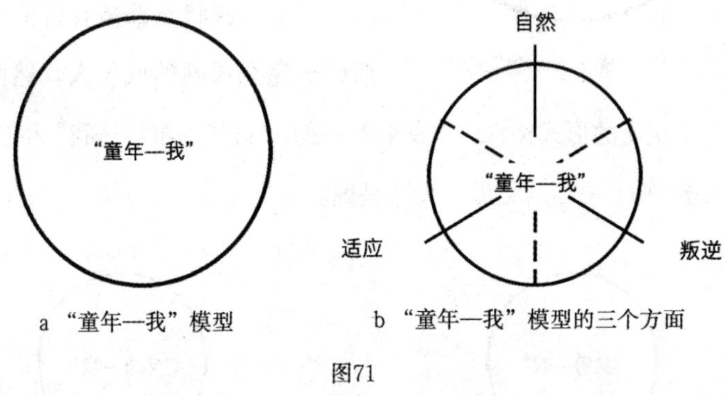

a "童年—我"模型　　b "童年—我"模型的三个方面

图71

自然的"童年—我"表现为情绪的自由表达，也许是精力充沛和轻松快乐。适应的"童年—我"则表现为一种顺从的表达："它应该永远不会再发生了，埃伯斯菲尔德先生！"叛逆的"童年—我"听起来有点儿尖锐和愚蠢："如果你更了解一切，那你就自己搞定吧！"也许还有一点儿戏剧性的自怨自怜："我真是很伤心，总是代人受过！"剩下一整天都闷闷不乐地撅着嘴。

"成年人—我"。对现实事实评估的能力堪比计算机。一个受过训练的成年人既允许现在看起来仍然合适的"父母—我"的规范和价值观存在，也允许场景适应性的"童年—我"的部分存在。

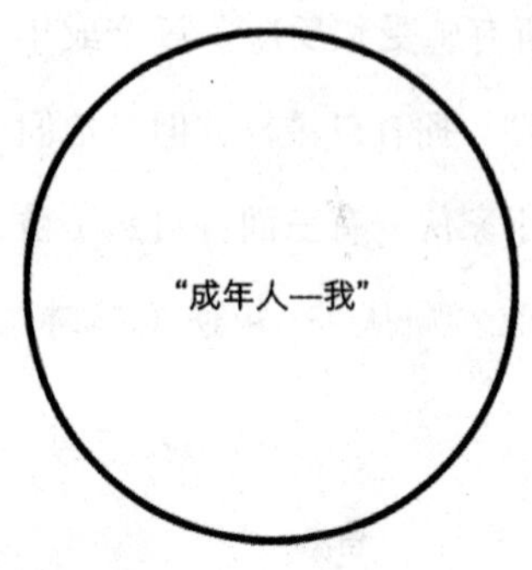

图72 “成年人—我”模型

当“成年人—我”表达时，它听起来是客观的、信息性的、确定的、分析的、有诉求的。它给别人一种绝对明智的印象，吸引处于同一自我状态的伙伴。

三个自我状态都是有价值的，都属于完全成熟的成年人。然而，合作交流的形式经常以“成年人—我”“自然的童年—我”和（不太多的）“关怀的父母—我”呈现。

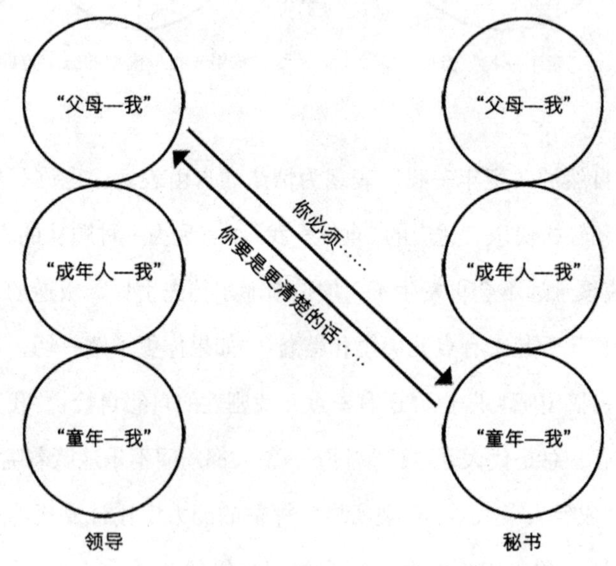

图73 领导和秘书之间的相互作用

为了分析沟通并识别可能的干扰，现在信息发送者和接收者可以用三个圆圈表示，传递消息可以用箭头表示，箭头从发送者的三个自我状态之一指向接收者的三个自我状态之一，然后掉头。这里的“掉头”是指引导接收者从这个自我状态开始回答：来自批判的“父母—我”的消息通常会引导接收者调整后再回答，这和叛逆的“童年—我”的反应是一样的。例如，老板：“你真的必须要更有条理一点儿，梅尔女士！”秘书：“如果你干得更好，你可以自己处理！”（见图73）

让我们再看一下本书一开始的例子（见图3）。作为副驾驶的丈夫对驾驶汽车的妻子说：“喂，前面绿灯了！”表面上看，这是一个事实的消息，从“成年人—我”指向“成年人—我”。但“潜台词”则包含一条带有“父母—我”的关怀提醒消息。这种“隐藏的相互作用”在图中以虚线的形式标出（见图74）。

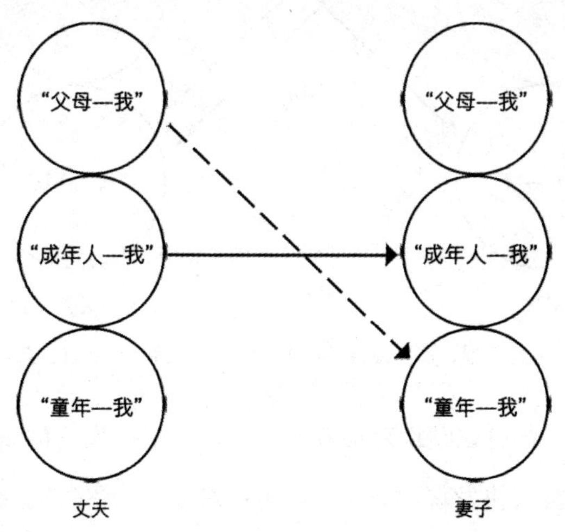

图74　信息“喂，前面绿灯了”中，丈夫表面和隐藏的相互作用

例如，“成年人—我”反应（③）或“父母—我”反应（④）这两个反应会“阻碍”彼此间的（隐藏的）相互作用。

①哦，对不起，我今天很不专心。

②我的脑袋上长着眼睛！是你开车还是我开车？

③是的，谢谢。

④我的上帝，你能赶得上！不要总是这么不耐烦！你不应该总是和司机说话！（见图75）

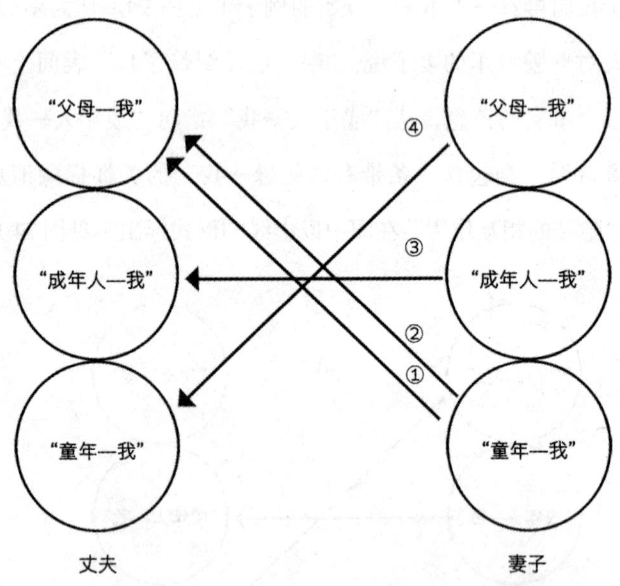

图75　信息“喂，前面绿灯了”中，妻子表面和隐藏的相互作用

这些图都可以帮助对话双方了解他们之间发生的事情。通常，他们会很快发现，即使他们想把对方视为平等的伙伴，自己却总是陷入“父母—我”指向“童年—我”的模式，然后双

方都会因沟通不畅而恼火。

第三节　他人的看法

我们之前说过：信息发送者对信息接收者的看法源于信息的关系层面。我对别人的态度很大程度上取决于我对他的印象。我若认为他是恶魔，对待他自然不同于对待天使。重要的是，信息发送者要明白，他对别人的印象或多或少存在“自我创造”的部分——产生的印象多半并不全面，伴随的感受也受观察时“佩戴的眼镜颜色”影响。

人的感受不仅可以自我选择，还可以自我补充——我的感受不只是“客观存在”的产物，还来源于对“客观存在”的“闻一知十”和“举一反三”。当我对对方的感受与对方的自我感受截然不同时，就会产生关系障碍。

在接下来的内容中，我将描述两种会扭曲客观印象的心理机制，即投射和移情。

投射。关于投射曾经有一个很幽默的定义：“投射就是你从别人的脸上看出了自己胃痛。”即在我身上进行着某些无意识的心理活动，我将其向外投射，在别人的身上认出了它。通常，这些无意识的心理活动是一些我们不愿承认，并被认作不符合自我形象的情感冲动，因为自己的过度敏感在别人的身上发现，并表现出强烈的抵触。赫尔曼·黑塞在小说《德米安》中写道：

> 恨某人时，我们所恨的其实是他跟自己的相像之处。我们缺乏的内容并不会令我们激动。

小说中，少年以自己创造的“影子”来表示自己令人厌恶、不被承认的一面。而在关系维度上的一些激烈争吵，就好像是一场场“影子拳击”。

移情。从精神分析学角度看，移情都是相似的。即便是我，也不可能做到完全客观地去感受。然而，这种带有误导性质的感受元素并非来自内心，而是不自觉地来自交往中的第三方。假设有一个人，他的说话方式、发型、脸型等某一外在特点能让我联想到一个在过去对我影响颇深的人（如父母、兄弟、领导），我虽然没有意识到这种相似之处，但还是下意识会对他产生和对那个人相似的感觉。例如，我会不停暗中怀疑某个人是否赞同我的观点（因为他和我的父亲很相似，而我的父亲曾经质疑过我）。

精神分析练习就是有意识地进行移情，对着空椅子和想象中的移情对象交流。通过“脑补”将“未完成的事”完成，将没有“移出”的情感“移走”，防止在不自觉中让这种情感影响当下的关系。积极的移情当然也存在，比如，有些一见钟情其实和爱慕的对象并没有太大关系。

移情的现象既重要又普遍。运用这个原理可以让信息发送者更加准确地评价信息接收者。当认识了一个人之后，试着问一问自己：这个人让我联想到了谁。让自己意识到这些相似之处，避免又陷入移情的困境，让新关系背负“旧情感”的枷锁。这样我就能够检验我下意识的想象是否真实客观。也许，你会发觉：这个人虽然外貌和我的哥哥相似，但他和我哥哥完全不一样。

即使是作为信息的接收者，如果对移情机制有一定了解，也会大有裨益：我必须知道，我在交往中会“被移情”，即对方对待我的所有态度并不一定针对我，也许是针对另一个人。也许是我的某个特点触发了对方潜意识里的“故事”，也许我就是单纯协助对方完成移情的一个角色。老师、领导以及政府官员（这些相对更有权威的人）尤其容易唤起交往对象曾经陷入“权威窘境”的回忆。

科恩就曾全面而具体地描写过移情带来的问题：

> 我坚信，对广泛移情现象的了解和处理是所有老师必不可少的沟通方法之一，而且对这些现象的认识绝对不能被心理学家束之高阁。如果一起生活和工作的人都能认识到——他们面对的所有反应并非都针对自身，而可能是在很早时候认识的其他人，如父母、老师或者兄弟姐妹，也许在学校和其他地方就能少发生许多伤心事。这样每个人也能够更加清楚，我们无意识地向他人“移植”了哪些偏见！那些认为老师、上司或者学者无所不能的观点就会不攻自破，当然对

他们的失望或依赖感也会消失！借助群体的移情，老师们也有机会面对更加开放和讲求实际的学生，更少受偏见的影响。

顺便提一下，自我表达与投射或移情的危险之间存在联系。自己越是抑制，自我表达就会越少，投射和移情就会越多，因为并没有用真正的自我表达来对抗对沟通对象的移情幻想。因此，自我抑制的人经常会遭到拒绝，被边缘化，或者被攻击。他们的脸上经常会反映出旧时的恐惧和仇恨等情绪。

在精神分析中，这种联系经常被用于心理治疗，精神分析治疗师不会带入自己的情感，他们的情感保持游离状态，从而为患者提供“情感投影的幕布”，患者可以将从前的关系问题移情到治疗师身上。

另外，对别人错误的、片面的、不完整的想象也会产生于非常确定的场景，因为这个原因，我无法从另一方面了解对方。老师经常认为学生“幼稚”，但学校并没有为学生提供非常有利的条件让学生充分展现自己。然而，在其他场景中，如在一次学校旅行中，学生则有机会向老师展示他的所有方面。因此，对另一方的尊重不仅仅是一个道德问题，而是一个真实的、有代表性的接触问题。

这也适用于生活中的其他场景：坐在办公桌后面的官员面对外国人或领取救济金的人，只认为他们是需要帮助的请求人；

法庭上，被告都是一个可怜的（或者可恶的）罪人；医生将患者看作“皮炎病例”。事实上，对他人的形象评估很多是绝对化的、单一维度的了解，并没有实际基础。

第四节　关系定义环

到目前为止，我们已经讨论过信息发送者如何通过信息表达自己对接收者的看法了。这种（经常是间接的）第二人称消息只是关系维度的一个方面。另一方面，它还包含一个（经常是间接的）声明，说明发送者如何看待自己和接收者之间的关系，即：“我们—消息”。

当A和B见面时，他们必须对“哪些可以，哪些不可以”达成一致。从广泛的互动中，必须选择某些行为体现关系的一致性。简而言之，彼此的每一个行为都包含了关系定义，这对于信息发送者来说是不可避免的，因为接收者不可避免地会用积极或消极的方式回应它。

4.1　信息接收者对关系定义的四种反应

1978年，心理学家海利确定了信息接收者回应发送者关系定义的四种方式。

接受。如果接收者感受到发送者的行为与关系一致，他也将达成一致。例如，对问候的回礼，对笑话的回应，对问题的答案。但即使是事实上的矛盾或拒绝遵守请求，也可能包含关系层面的接受（虽然我不想做你想做的事，但我认为这是非常正确的，并且你对我提出这样的要求和我们的关系一致）。

放手。虽然关系维度的接收者不同意，但他并不客观地反对。他放过了这个问题，但反过来他也拒绝了这种定义："是的，这就是我认为的我们的关系！"例如，一个女子被一个男子所感动，但是她却没有对男子说出自己的感受；再比如，老师客观冷静地回答了学生提出的一个含有挑衅意味且粗鲁的问题。

拒绝。接收者明确表示他不遵循发送者的间接定义。他的行为表明："不，这不是我认为的我们的关系！"在几十年前的电影中，女人通常用打耳光回复男子的"强迫"，或者在面对一个有关亲密关系的问题时用"关你什么事"表示拒绝。

忽略。接收并否认每一个可识别的反应，用以表明"你对我来说就是空气"——用这种方式忽略发送者。即问候、信件、邀请都完全得不到任何回复。

图76或多或少将上面几种反应清楚地展现了出来。当然，发送者和接收者经常努力推动明确的信息反馈——模糊沟通有时也有微妙的关系问题。

因此，有各种各样的技巧可以避免明确的关系定义。例如，当我在街上遇到一个我认识的人，我必须选择一个关系定义：问候还是不问候，停下来或继续前进，交谈还是不交谈，如果是的话，要怎么做？我该如何避免关系的定义，假装没有注意到，或者我可以以"重要日子"为借口拒绝邀请，或者我可以立即否定我所说的不一致的语气，等等。

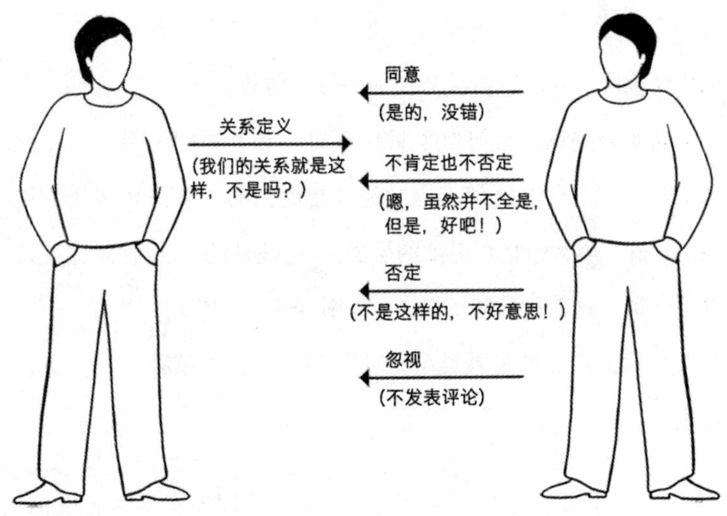

图76　无论A和B一直谈论什么，不管他们如何相处或者回避，都不得不处理明确他们的关系

我们在发明技巧以避免独特的关系定义时，都非常有创意。在一个非常有趣的分析中，海利将精神分裂症状解释为不定义关系一致的尝试。

4.2　三种基本关系（对称，互补，元互补）

A和B之间可能存在的各种关系可以分为三个基本类型（海利）。

对称关系。双方都可以向另一方展示相同的行为。例如，他们都提出建议，或是批评对方。

互补关系。A表现出与B不同的行为，但两种行为是互补的，因为它们是相互适应的。一个提问，另一个回答；一个人教，另一个人学；一个发号施令，另一个接受命令。差异主要表现为优势和劣势：一方占优势，另一方占劣势。

元互补关系。起初似乎只存在对称和互补的关系。当我们考虑让A找同伴B处理或指导他或帮助他时，事情就会变得复杂。B占上风，但是在更高的层面上，A通过实现这种互补关系占了上风。这就是海利所谓的元互补关系。

当然，这三种关系类型（见图77）可以在某种关系内交替发生。

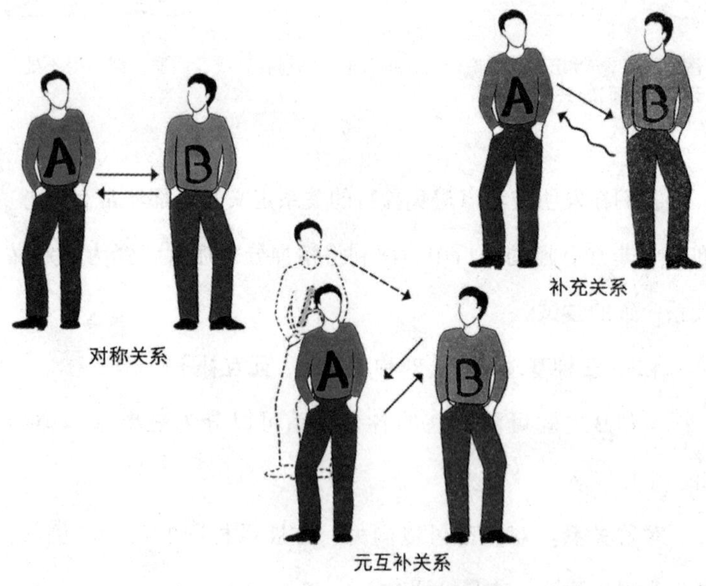

图77　关系的三种基本形式

4.3 关系演习

其实，信息发送者和接收者无须为彼此之间的关系下一个终极定义。对于新建立的复杂关系，其定义往往是不明确且充满争议的。因此，对话背后可能隐藏着各种争论。比如，应该如何面对眼下这段关系，或者究竟应该由谁来为此定义?

而试图去更改一段已存在的关系的定义，该种尝试可以被称为“演习”。“演习”是指改变现有关系或是为其赋予新的意义的行为。类似这样的演习行为，可以是一个好奇心驱使的问题，可以是一句命令，也可以是对他人行为举止的评价。假如一位学生在下课的时候对他的老师说：“您这次备课很充分！”这其实就是对称关系的体现，因为以表扬或批评的形式来评价学生的成绩一直以来都是老师的权力。类似这种情况下，人们常常会感到惊讶，这其实就体现了关系定义的新颖之处。

一些笑话也由此衍生。老师问学生：“罗马位于哪条河的河畔？”学生回答：“您要是连这个都不知道，您是怎么当上老师的呢？”这个笑话的出发点在于，学生以“对称”的思维解读了老师所提出的问题。也就是说，学生把这个问题当成是同级别的双方之间的实际问题，而非互补性的问答。

在这个例子中，学生的反应显得比较荒唐，因为师生关系的世俗定义一向十分“明确”而清晰。然而，在许多事例中，这种明确性并不明显，那么发送者和信息接收者都需要做些什么来展示双方对于关系定义的看法呢?

4.4 女大学生和一位年轻的男子—— 一个例子

接下来的这个例子可用于阐释上文提到的几个概念（对称关系，互补关系和元互补关系；对于关系定义的接受、放手、拒绝和忽略；关系演习）。

一位年轻的女士坐在公园的长椅上看书，一位年轻男子走了过来。

男子指着女士身边的位置问："我能坐这儿吗？"

男方的关系定义：我们两人之间有交流的可能，而不是仅仅是无言地坐在彼此身边。男方通过先向女方征求许可——尽管实际上这种许可并无必要（因为男方大可以直接坐在长椅上）——以此"元互补"地向女方表示自己是可交流的。

而女方接下来的回答则明确地表现出她是接受、放手，还是拒绝了这种关系定义。

女方抬眼且发出嗤笑："当然了！"

事实上，女方是接受了这种关系定义的。但她的嗤笑表明自己已经懂得了男方想找个地方坐下这一举动的弦外之音。其实，她本可以对男方的这一演习选择放手，或者说回避（一句简短冷漠的"请"就够了）；也可以选择拒绝这一演习（比如问一句："您为什么这么问我？"）；又或者选择对该演习置之不理，就此终结。

两人在长椅上坐了一会儿，女方看起来是在继续看书，男方则在擦拭他的眼镜。一辆铛铛作响的小火车驶过，两人都朝那个方向望去。

男："一辆老奶奶火车！"关系定义：在这段关系里，我们需要稍微闲聊一番，谈谈周围的环境。

女："嗯……"

接受关系定义——又沉默了一段时间。

女："这儿挺美的，是吧？"

给出一个更新的信号，表示再次接受之前的关系定义。但这次有所不同，区别在于对关系定义的建议是由女方发起的。而男方由此则足以确定，女方不仅没有"放手"，而且已经接受了他的定义（即"比起看书，我更愿意和你聊天"）。

男："今天一整天天气都很不错。我刚在儿童游乐场玩了三个小时，加入了一个游戏。孩子们都被逗乐了，因为我居然不太会跑步。其实我昨天才刚出院，因为打网球的时候把腿摔断了，需要一块人造膝盖骨，结果在医院待了整整八个星期。我现在感觉整个人空空荡荡的，不知道从哪儿重新开始我的生活。我有朋友，可惜他们现在都度假去了。我现在觉得一切都没意思，你能理解吗？哦，对了，我是一名男护士。"

男方这段泛泛的自我表露其实也是一种演习，通过这种演习，之前的关系定义被明显延伸：在这段关系里可以谈论自己，谈论私人的事情——如何理解这一演习呢？男方可能想发展成对称关系，也有可能想发展为互补关系。

这位女士在回忆时分析到，她当时从他的话语中感觉到一种强烈的呼唤："听我说吧，理解我吧！"根据自己对于信息的解析，她相应地做出了如下回应：

女："我能很好地体会到你在游乐场的感觉，你才刚出院，肯定需要休养一段时间，才能重新习惯周遭的环境。你也不要害怕自己那些烦闷的情绪，这都是很正常的。你需要时间。朋友们正巧都出去玩了，你没法儿跟着一起去，偏偏这时候又很需要人陪伴。眼下，是什么困扰着你呢？"

从沟通心理学的角度来看，这是一个很复杂的场景：在这个情况下，男方通过一段自我介绍式的话企图向互补关系发展，而女方的回应则表示她接受了这种关系定义的发展走向。然而，如果男方是打算发展对称关系的话，女方的回应则（部分地）算是一种拒绝。不过，女方的回应很明显地包含了一种关系定义，即你是客户，而我是治疗师（你是需要帮助的可怜人，而我是给予帮助的人）。

女士事后有了如下分析："这段关系其实很像客户与治疗师之间的关系。他处于弱势，因为他希望，甚至可以说他急需从我这儿获取一些什么，因为对他来说，与人交谈很重要，相反，我没有透露任何自己的信息，所以相比他而言，我是处于更安全的位置上的。"女方对于这段关系的建议其实也展现出一种演习，该演习确保她（在男方也接受的情况下）在这段关系中是处于优势的。那么，男方对于这个演习是如何回应的呢？

男（总结性地）："作为一名高级护士，我是可以进行培训并且进行评审的。六年前我来到这里，开始在这个城市生活，在此之前我一直生活在巴黎。我有许多外国朋友，他们现在也在这儿。我还有一个女友，她也生活在这里，不过最近她和朋友一起出去旅游了。我们曾一起生活过一段时间，我觉得自己在性方面被她强烈地吸引了，我很想和她有亲密关系，不过从没实现过。”（他说起一件事，把他的女性朋友和女友进行了比较，而他明显对女友的评价更高。由此他和另一位女孩的友谊也就此终结了。）

他继续着自我陈述，但是所说的内容却完全不同了。他不再谈论自己的困难与苦难，而是开始强调他的职业和作为男人的想法。这样一来，他所传达出来的信息中就包含着明显的对于女方的关系定义的拒绝：“我并非你的客户，而你也不是我的治疗师。事实是——你是一个女孩，而我是一个男人！”在这场争夺优势的拉锯战中，他又占得了上风。

在这种情况下，关于共同的关系定义的争论显而易见。女方理解了男方“对客户角色的拒绝”以及对于对称的男女关系的坚持后，便表现出了内心的不情愿。

女：“我非常理解你的那位女性朋友，换我我也会做出类似的回应……”（接着她表示了自己对于男子那一番阐述的质疑，发表了自己的看法，然后变得焦躁不安，开始看表。）“我现在得走了，我要去学校。”

现在，女方彻底拒绝了男方的关系定义（我是个男生，你是个小姑娘，我看上你了！）。女方通过宣告自己和那位女性朋友的立场一致以及动身离开的举动，表达了自己疏远对方的意思。这一切仿佛是在说："你不打算接受我的关系定义，我也不接受你的。我现在就宣告彼此关系的终结。"

男："聊天还是很愉快的。"

这也意味着：我们的关系挺好的。通过这一演习，他反驳了女方的关系定义（这段关系彻底结束了！）。

女："嗯，我也觉得。不过和陌生人这么聊天倒也挺少见的。"

这看起来像是接受了男方的关系定义。但仔细分析充其量只能算部分接受，因为"陌生人"这个词再次表达了女生想要保持距离的意愿。

最后这场邂逅是以男方说服女方一会儿再见而结尾的。对于这场约会，女孩半推半就。而男子则根本没在约定的时间出现，他最后的这个演习是为了尽可能地保持自己的优势地位："我要在你决定结束之前终结这段关系。"

第五节　信息消息的长期作用：自我概念

关系层面的含义并不受限于当前的情绪状态以及对话的进程。相反，信息消息可能具有显著的长期作用：信息接收者在此处接收信息（如发送者所见）。而在探寻自己的身份时（我是谁？），内在小孩也会依赖于这些信息。随着时间的推移，内

在小孩将从周边环境中接收到的成千上万的消息信息不断浓缩，最终得出结论：“这就是我！”（见图78）

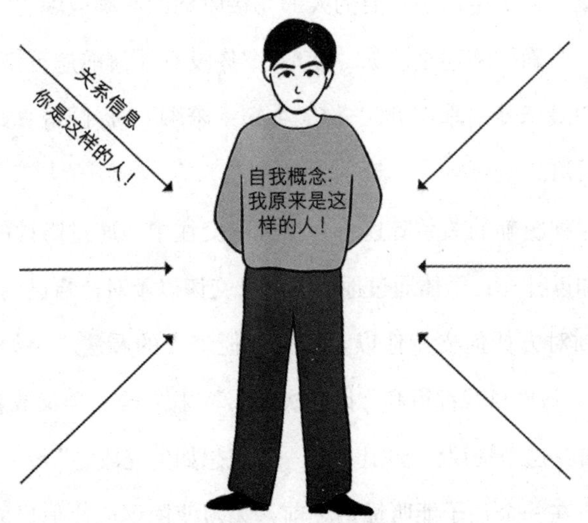

图78　自我概念是关系信息压缩的结果

另外，自我概念的意义还归因于以下这点：一旦它固化，个体就会创造出一个体验世界，在这个世界中，他曾建立的自我概念被反复证实。那么，我们是如何通过我们的自我概念“创造”出某些特定的经验，并消除其他可能正在修正的经验的呢？对此，我将在后面详细描述。

由于自我概念具有这样的深刻意义，一些心理学家（如陶施夫妇）一度几乎完全戴着“关系眼镜”，以关系的视角来观察课堂（在忽略主题内容的前提下）：此处他们猜想自我概念是个性发展中的主要转变。

5.1 第一人称消息和标签形成自我概念

从细节上来说，决定自我概念的消息信息是什么呢？首先，它是孩子从他生活中重要的人那儿接收到的明确或隐含的消息信息。明确的陈述是诸如“傻瓜”“你没有任何前途可言”“你是我们最亲爱的乖宝贝”“你天生笨手笨脚”“你画得真好”这样的话语。

这种明确的关系陈述将会在人际交往中，通过隐性的消息信息加以补充：个体通过他人与自己交谈以及对待自己的方式，了解到对方如何支持他以及对方对他个人的看法。比如，“忍住！”“每件事我都得和你说三次吗？”“振作点！”又或者“你怎么看待这个提议？”“让我们一起想想如何完成它”……

而在一个孩子能听懂话之前，无须使用语言，他也能通过重要的人的整体行为来接收基础信息。比如，“你在这儿很受欢迎！”“一切都围着你转！”又或者是“这儿没人欢迎你，你很麻烦”……或许，是这些最初传达出的数以千计的关于自我的消息，从根本上塑造了孩子的自我概念。

教育首先是几句话的交流。而这些关于自我的消息绝不仅仅反映了孩子客观的能够看出的特征。相反，这些消息包含了信息发送者的隐秘愿望：个人偏见和文化偏见（比如对男孩女孩的看法）。

老师作为第一人称消息发送者。到目前为止，我们已经描述了自我概念的形成，也就是孩子从重要的人那里所获取的定义性体验的结果。孩子接收到的第一人称消息有些是非常个人的，有些则更偏向集体化。比如，孩子作为某一群体的成员时，接收到了一些信息，这些信息也会与所有其他成员共同分担（例如，性别刻板印象信息：“你是个男孩！男孩不能哭！”）。

在本节中，我们想把注意力集中在这里：独立于个体教育、拥有各种规定和计划大纲的学校机构包含的关于某位学生的（隐含的）消息信息。提尔曼在这些信息中看到了学校“隐藏的”和实际有效的教学计划。

如果我们告知这位学生一些有关他的消息信息[①]，那么他便会日复一日地听到这些话：

> 很多事情你根本没必要说。你不过是35个人中的一个，作为个体你一点儿都不重要；你克制点吧，尤其是关于你的那些特殊需求。你还小，又不聪明，老师知道你该学什么好，所以你应该从一开始就好好学音乐。社会重任不需要你来扛——所有的一切都规定好了。你需要做的就是勤奋、努力地学习这些知识。

① 文学中，“消息信息”和“关系定义”的概念可能会以沟通心理学的名义泛泛地应用：比如纯粹的消息信息（为了这些那些的原因我才抓住你），或是命令告诫（你要如何如何！你去做这个和那个！）。在这一章节中只探讨纯粹的消息信息。

这种形式的话语这个学生几乎没听过，他没挨过这种批评，尽管老师们也总是（必须是）学校机构的传声筒，但是他通过每天在学校的经历所接收到的消息，也总是以间接的、不甚明晰的方式传达的。

换句话说，学校机构总是把学生的形象塑造得很“幼稚”。所以，学校相应地使学生成为默默列入教学计划的被动的学习接收者，并阻止他承担社会责任，禁止他参与社会生活。

社会作为第一人称消息发送者。同样，社会作为一个整体也要求通过其设施、法规、法律和现实情况进行发言，将影响自我概念塑造的“我的信息”传达给特定人群。穆勒曾说过，他听到了社会向年轻人传达的消息：

> 这么多孩子出生真算是一种不幸，因为说到底社会不需要这么多人。童工的时代也结束了，当然这是值得高兴的。传统大家庭也成了历史，在当代的“核心小家庭”中，有了家用电器的帮助，你们这些年轻人与其说是帮手，不如说是负担。对于不熟练的助手，有大量令人不快的工作，但你可能会觉得自己太好了，我们不能责怪你。社会需要你们中的一些人来做有吸引力的工作，但我们不可能需要你们所有人——毕竟，我们还想要保住自己的工作，而且现在我们活得比以往任何时候都更久。

你们中的一些人很幸运，但许多人是没那么幸运的；我们其实不知道应该如何与你们接触。你们明白的，我们试图避免战争，所以社会现在也不需要派你们上战场。请尽可能地享受吧，无人阻挡着你们。请不要问我们你们该做什么。如果我们想到了，会给你致电——让我们静一静吧。（来源：ZEIT杂志）

5.2 废物标签

我们再次总结一下前文的内容：自我概念是定义性体验的结果。在这种体验中主要传达的是明确或隐含的第一人称消息（我就是这么个人！），这种第一人称消息来源于身边重要的人，来源于各种协会机构以及社会组织。因此，孩子的一举一动都会倾向于与自我概念一致，决定性的行为也就由此塑造了现实。

这种说法也适用于且最适合解释偏差行为（违法犯罪）的萌生。然后，“废物”一词就成了引发这种自我概念（我一无是处）的标签的最终产物。一般来说，犯罪生涯的形成及发展往往包括以下几步：

1. 孩子的某些行为方式，在他美妙的自我世界中是毫无恶意且充满趣味的。然而，在成年人看来，其行为可能会觉得很“坏”“糟糕”或者是“讨人嫌”——在这种贴标签的过程中，人们注意到的是自我表露的部分！标签化迹象的显著特征，是会格外强调标签化信息中自我表露的部分。例如，一位老师说一个孩子“不讲卫生”。从这句话中，我们了解到的是关于这位老师的信息还是关于这个孩子的呢？应该是对这两人都有所了解。首先，我们能够大致知道这个老师的价值体系，比如他会注意哪些方面，他看重什么，以及他认为什么是需要受约束的。

2. 而一开始感到被误解或是受到不合理对待的孩子，会随着时间的推移开始改变对自我的定义。尤其是当周围这些下定义的成年人不仅否定孩子的行为，而且还概括性地对孩子这个人本身进行公开谴责（羞辱），并且说孩子“坏”的时候。

3. 在自我定义发生改变后，紧接着，孩子就会展现出某些和反社会人格相符的行为。比如说，和与自己类似的“招摇”的同龄人交朋结友（组建一个“犯罪团伙”）。这种群体的成员不仅学会了接受“违法犯罪者”的标签，而且，还会渐渐形成将此种标签升级为夸赞的内心标准。

4. “渐渐地，这些‘违法犯罪者’与官方制裁机构、社会义工代表、警察以及司法机构的接触越来越多。所有的这些机构想要根据他们的自我理解阻止这一过程的完成，然而，通常来说这一过程只会逐步加强。”

这些官方的回应其实是新一轮的贴标签行为，并且强化了年轻人早期建立的自我形象。这些年轻人是“被犯罪”了。

对于这种偶然造成的结果，我们用一个叫作“次要变化”的概念来称呼它。隐含在批判制裁中的消息信息比起制裁中劝其“放手吧”的警戒有着更为强烈的影响——换句话说，“首要变化”或多或少算是早期无害行为的结果，但“次要变化”就是由周边环境一系列贴标签的反应造成的。

一个悖论是，旨在阻止某些现象发生的措施往往又会引发这些现象。从这个视角来看，所有设想的措施都需要经过验证，其背后隐含或是暴露了的标签化行为是否不会让事态往更坏的方向发展。例如，一个学生因为“腼腆”而被送去向一位教育心理学咨询师做咨询。这种心理咨询肯定会有正面效果。然而，另一方面其实也存在风险，即孩子的自我概念中会有这样一种想法：“我是一个必须去看心理医生的人！”这可能反而会使得这个孩子往更为孤僻的方向发展。

一个事实是：现代的咨询模式都尽力避免从个体角度切入去解决问题，而是着眼于一个群体之间的互动，试图诊治这个群体中出现的心理问题。

5.3 自我概念“创造”经验

自我概念表现为所提及的所有经历的浓缩产物：“这就是

我！”在接下来的文章中，我想看看一个已经建立的自我概念是如何创造一个环境的，在这个环境中，个体主要是“创造”那些确立自我概念的经验。

最重要的是，有两种机制可以实现这一点：避免和扭曲。一些经历我自己能够避免，这样我的生活中就可以彻底“清除”这种经历。而一些其他的经历我虽然无法避免，但我可以重新解释或是歪曲它们，使其本身无法以最初的形式呈现，而是以一种“正巧适合我”的形式（属于我的自我概念）出现。

这两种机制（避免和扭曲）都可以应用于外部体验和内部体验（感觉、动机）。现在，就让我们仔细看看这些机制是如何工作的：

避免。自我概念引发的失败会导致人们在自己觉得先天劣势的地方“敬而远之”。例如，我认为自己“在技术上没有天赋，天生笨手笨脚”，那么，我倾向于避免所有与技术性理解相关的或是看重技能的场景。随着时间的推移，我积累了相当多的实践经验。几年后，我真的有了“两只左手”，但不是因为缺乏天赋，而是因为缺乏实践和积累的经验，这正是我初期自我概念所确定的方向——自我实现预言的恶性循环已经结束，自我概念已被证明是人格发展的“秘密策划者”（见图79）。

最重要的是，灰心丧气的人（有明显的避免失败的倾向）会使用持续的回避策略来避免自己经历他们需要学习和面对的事情。他们在他们的“主场”中过着“减法生活”，在那里，他

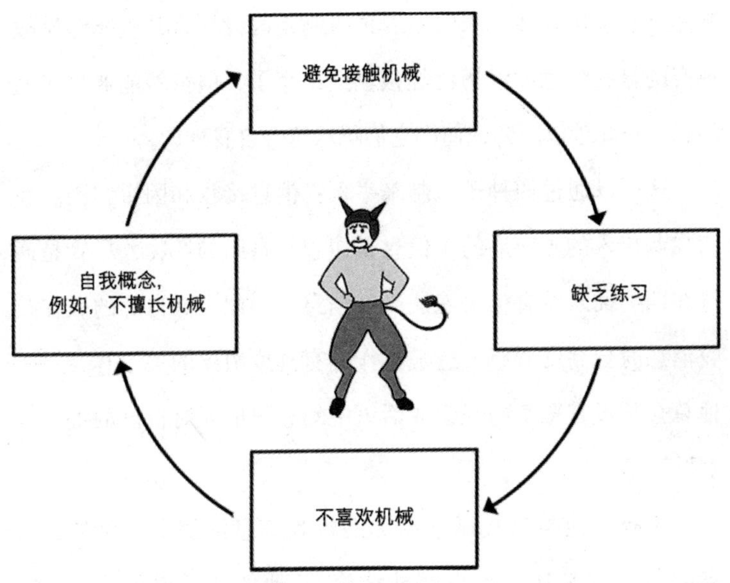

图79　自我概念的自我满足设想造成的恶性循环

们不会受到失败的威胁。因此，他们通常会给外界留下强烈的、至高无上的印象。但真正有精神力量的人是那些在“客场比赛”中能够承受暂时失败的人，在这种“客场比赛”中，只有人格发展的进步在召唤着他们。

当一个非常消极的自我概念被归纳出来时，就会产生毁灭性的影响。“没人喜欢我”这种念头会引发一种敌对或是孤僻的行为，实际上会激起其他人的反感。我建议，在做心理治疗时最好中断这一恶性循环。

扭曲和新解。这是自己创造环境的一个主要机制——完全避免某些经历。接下来的第二种机制是假设尽管某些能够挑战现有的自我概念的经历已经被创造出来了，但依然能通过扭曲的感觉对此予以新解，使得它们仍然符合自我概念。

这可以通过两种子机制来举例：消息接收和因果归因。我们强调传入的（四周的）信息是接收者自己的产物，尽管是通过在四周插入符合他灵魂法则的信息。因此，低自尊的人在接收消息时会高度敏感，这被称作拥有高度敏感的关系耳朵——他总会从没有恶意的问题或话语中幻想出他人对自己的批评或贬低。

还有其他与自我概念相关的接收信息的例子。例如，沉默寡言者容易让人产生这种结论："他估计是累了。"或者，其他人可能会得出另一个结论："当然——他不喜欢我！"一个人说了一些自己的事，其他人笑了。有人会把这种笑解释为他人对自己的笑话感到好笑，还有的人却可能觉得自己被取笑了。

隐含的消息信息的确会给信息接收者留下广泛的解释空间。但即使是暴露出来的明确的消息信息，如"你是一个利己主义者"或"你是一个非常伟大的学者"也不能决定信息的接收。两个不同的信息接收者对同一个信息会有非常不同的精神体验。一个人可能会把第一人称消息当作事实，然后在内心回应"这就是我"；另一个人可能会更倾向于把接收到的信息理解为发送者的自我表露（他怎么了，为什么这样评价我？）。当然，小孩子几乎无法做到使用自我表露之耳来接收第一人称消息。

当然，避免正面的消息信息也很有可能。例如，某人受到表扬，但这种赞扬与他的自卑的自我概念不相称。于是，他回答："你是在安慰我。"

在维护自我概念的过程中，也会出现所谓的因果归因。成功和失败可以用以下四个原因来解释：

能力

投入

任务难度

偶然

例如，一个自我概念低微的人会把自己的成功归功于偶然（瞎猫碰上死耗子）——这样一来，他获得的成功就失去了修正性经验的价值。与之相反的是，一旦失败，他们则会立即归咎于自身的不足。

老师和家长作为评价学生表现的一方，应该从这些想法出发，探寻各种可能，帮助学生通过自我概念建设来实现正向的激励。

下图解释了自我概念引导下的经验扭曲机制（见图80）：

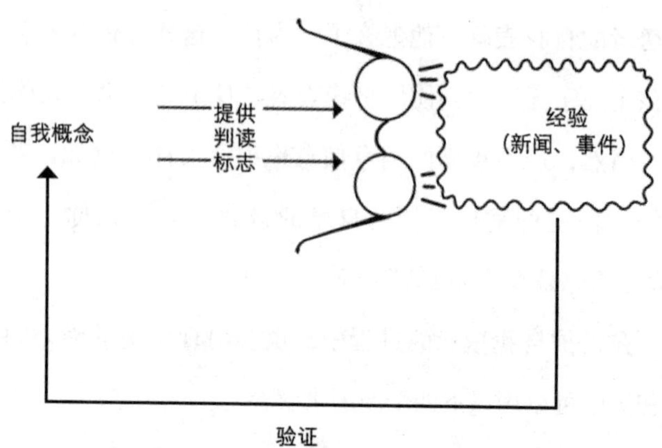

图80　自我概念验证过程中的“有色眼镜”造成经验扭曲

5.4　内在经验的避免和扭曲

心理疗法研究的一个惊人发现是，自我概念不仅“创造”或避免外部世界的经历，而且也“避免”内在世界的经历。正巧不适合我们（不符合我们自我概念）的情绪，既深入不了意识，也无法实现直接沟通。

在此，我以前面讲到的一个故事为例——相关员工在工作会议上激动地喊道：“我一点儿都不生气！相反，我感到好笑，我只是对事不对人。”这名员工没有意识到自己受到的伤害和自身的愤怒：这种感觉并不符合一个强壮的男人的自我形象——对事情很有主见，对“任何一件小事”都不会敏感，并且不拘小节。

不符合常理的感觉。正是因为这些“不符合常理的感觉”——我这样称呼它们——我们才更喜欢隐藏它们，并尽力不让它们出现。因此，失望和烦恼可能不适合恋人的自我概念；愤怒和仇恨可能不符合温和而善解人意的慈父的自我概念；嫉妒可能不符合那些不想在人际关系中占领所有权的人的自我概念；而悲伤可能并不符合以幽默对待一切的乐天派的自我概念。

最终，对于这种不符合常理的感觉的不确信意味着我们与自身的重要部分对立，且消耗了大量的情感能量来抵御这些感觉。通过心理治疗，可以一点一点地实现对（内在）经历的日益包容：

> 这个过程似乎包含了对经历逐渐开放的态度。随着时间的推移，这句话对我来说越来越重要。它描述了防御姿态的对立面。我曾将机体对于被认为或预期为具有威胁性的经验的反应描述为防御姿态，即与个人现有的自我形象或个人与世界的关系形象的对立面。
>
> 通过在自我意识中扭曲这些威胁性的经历或者直接的拒绝，这些经历会暂时变得无害。从字面上讲，我无法准确地察觉到我内心的经历、感受和反应，而这些与我已经存在的自我形象在本质上是不同的。治疗过程的一个主要部分是病人不断地发现他正在经历的感觉和态度，他到目前为止还没有意识到——他不能“拥有”作为他自己的一部分。

罗杰斯从另一个层面解读了这一过程的最终结果：

意识不再是危险的、不见天日的隐秘情绪之上的卫士，而是变成了社会上温顺的一员，在这个社会中，只要人们不急于小心掩盖自己的冲动、情感和思想，就可以很好地控制它们。

第六节　如何处理关系干扰

虽然关系干扰在人们的日常生活和工作中如影随形，但大多数人没什么能力处理和解决这种干扰。当在关系层面上比较艰难的时候，未曾表露出的怨恨和隐蔽的伤害，被避开的争论和虚伪的交际，敌对的争吵和琐碎的唠叨以及基于错误层面的观点的激烈碰撞往往会主导一切。

人际交往的一个典型的基本错误已经在前文讨论过了：客观层面上的关系干扰。母亲劝女儿穿上夹克，女儿不情愿地拒绝了，接着引发了一场关于温度的小争吵。

沟通心理学家在这方面训练有素，他们会去关注事实纠纷中关系干扰的最初迹象。因此，女儿的“流鼻涕的声音”就是这样一种迹象。

或者在某次会议上说：“如果您读过5月3日的管理通知，您就会知道……”

或者当一个员工被他的主管问：“你能不能至少给我们一些净数据？”（“至少”包含这样的消息：“我们已经无法期望从你

那儿得到正常的数据了。”）

又或者是演讲者完成了他的演讲，开始讨论环节。这时一位听众说：“我不知道如何忽略这个问题中的某一观点……”从关系层面上来说，这句话的信息会显得演讲人能力有限，所以演讲人很快就在其回复中流露出了报复的意味：“我想我一开始就已经说得很清楚了（如果您有认真听的话）。”

当使用这种“关系图钉”——话里带刺地进行对话时（见图81），双方就会产生紧张感，事件的客观性也会受到威胁。

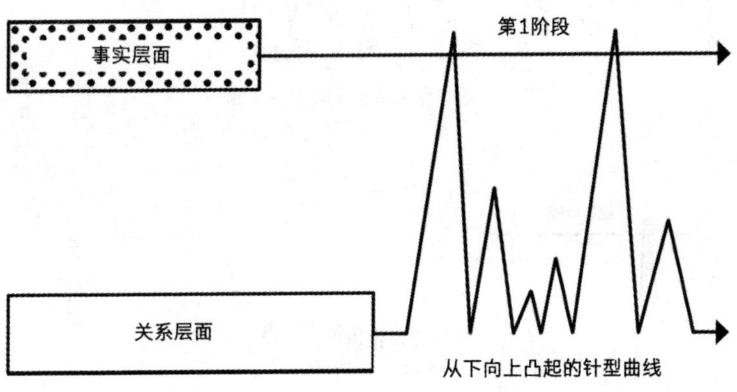

图81　对事实的解释受关系层面的干扰信号（图中的针型曲线）影响

大多数情况下，在房间里飞来飞去也毫发无损的苍蝇采取的就是图钉方式。

图81所示的这种“从下向上的图钉”通常是客观层面和关系层面不断发展并最终纠缠在一起的征兆，甚至已经是症状（见图82）。在这个阶段，几乎没有人能做到就事论事，而把它解

释成自以为是、充满敌意的，或企图辩解的，或具有攻击性的。某些学院、运营部门和家庭都陷入了“相互纠缠”的僵局，在这种状态下，每一次客观的讨论都充斥着关系问题（同时关系问题变得更加尖锐）。

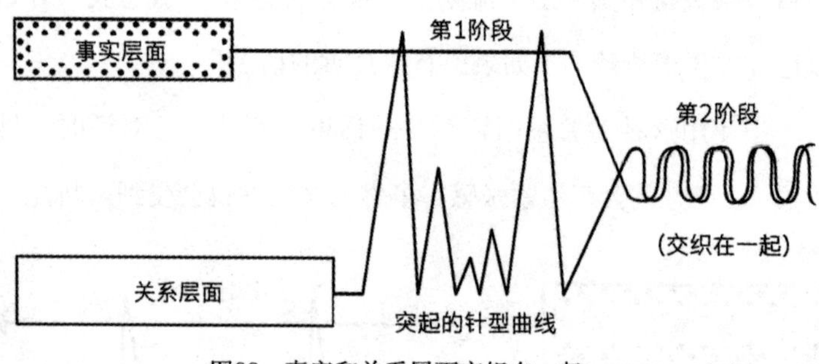

图82　事实和关系层面交织在一起

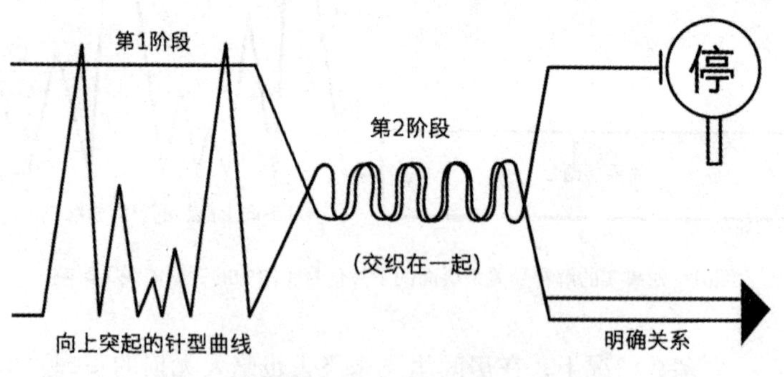

图83　事实解释受到干扰和开始明确关系

现在还有一个办法能够缓解：将客观讨论暂时放在一边，直白地进行一次关系的明确讨论。（我们对待彼此是什么态度？是什么让我们的对话变得徒劳无功、矛盾一触即发、小心翼翼又充满隔阂的呢？）

在这种棘手的相互纠缠的状态下，要想获得明确的关系，通常会建议向沟通心理学家寻求帮助，将其作为“摆脱纠结的帮手”——这适用于夫妻以及同事之间。沟通心理学家的影响除了维持气氛外，还包括以下几个方面：

第一，鼓励关系表露（拒绝事实论据）。

第二，促进表达“隐藏”的第一人称消息。

第三，鼓励表达个人意愿和公开的呼吁（向前看而不是愤怒地回头）。

在信息正方形模型中可以很好地描述这种以干预为导向的步骤（见图84）。

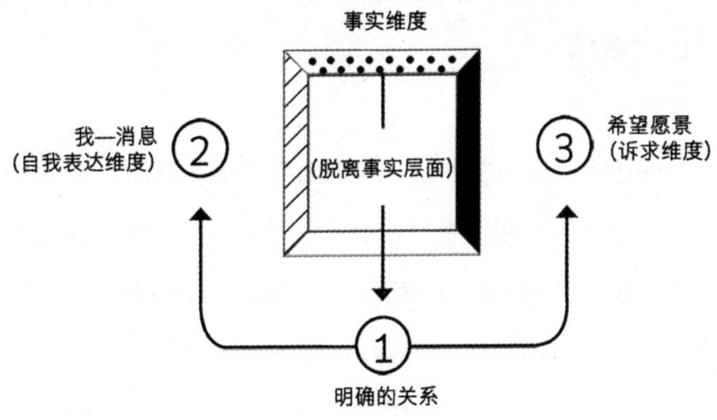

图84　以明确关系为目的的沟通心理学干预步骤

前面我已经通过实例解释了该过程。现在再来看看那对母女之间的小插曲，先是母亲劝孩子穿上外套，然后是女儿在事实层面（一点儿都不冷）上的反应——流鼻涕，以及之后关于温度的争执。

如下所示，母亲（M）和女儿（T）之间的关系明确可以从沟通心理学家（Kps）的帮助开始：

Kps：“我知道你们俩都很不开心，而且现在气氛有点儿僵。或许你们可以直接说说你们的隔阂。（对母亲）您想开始吗？”

M：“明明总是发出吸鼻涕的声音！可她还是想显得自己很聪明，什么都比我更懂的样子！”

Kps（对女儿）：“是什么让你觉得困扰呢？”

T：“她总是这样管束我！好像我自己不知道该穿什么衣服似的！（对母亲）这关你什么事？”

M：“说到底我还是你的妈妈啊！”

T：“嘁！”

沉默。

中场评论：这场争吵已经完全偏离了事实层面，它只发生于适合它的地方：在关系层面上（见图84①）。接下来的目标应该是从这种相互指责中脱离出来，并争取让隐藏在背后的“我的信息”（见图84③）得以表露出来（见图84②）。

Kps（对女儿）：“我能为你说几句话吗？然后你可以说我说的对不对。”

女儿点头。

Kps（向女儿身后走去，开始为女儿说话）：“我觉得自己还是被当成一个小孩子来对待，什么都需要听别人说。可是我想像个成年人一样自己做决定，尤其是从你（母亲）这里感觉到你对我的信任，这一点对我来说特别重要——（对女儿）是这样吗？”

T："对。"

中场评论：这就是心理学家的一个帮助沟通的技巧了，即所谓的"替身"（又称"年龄—自我技巧"）。这位心理学家每次站在谈话某一方的身后，并且表述出（作为第一人称消息）他用他的自我表露之耳所听出来的话里的含义。当然，他要平等地对待谈话的双方，这一点很重要，可以避免给人一种结盟的印象。

Kps（对母亲）："当您听到这些话时，您会如何回应呢？"

M："确实啊，每个人都想做大人，但是和大人紧密相关的那些责任和义务可没人想承担！"

Kps："您现在是在泛泛地谈孩子这一群体。事实上您指的是什么呢？"

M："是的，也包括她（女儿），所有人都在走自己的路。"

Kps："'所有人'又是谁呢？"

M："整个家！她哥哥还有她爸爸都是这样！（愤怒地）这哪里还是一个家啊！"

Kps："看起来我们现在似乎要开始谈论您的关系的另一个点了，而且您似乎对此感触很深。"

妈妈叹了口气。

Kps（对母亲）："我能为您说几句话吗？"

妈妈点了点头，心理学家走到她身后，并且望了望女儿。

"当我看见你们一个个都有了自己的想法，走自己的路的时候，我觉得自己很多余，也完全不知道自己在这个家里究竟应该扮演什么角色。（对母亲）是这样吗？"

M："嗯，说对了一部分。我觉得我现在该去做饭洗衣服了，我得做这些……我想……"

Kps："很好，您想说什么？"

M："嗯，大家都想做成年人，但是那些义务……"

Kps（对母亲）："我能再替您说几句吗？"

M："可以！"

心理学家走到她身后。

"我觉得自己做的这些事很重要，比如做家务，但是我感觉好像没人注意到我，这让我觉得很伤心。（对母亲）我说对了吗？"

M："对，就是这样。"

Kps："在我看来，你们俩的矛盾其实是整个家庭的事。下次，最好家里每个人都在——姑娘，你听了妈妈说的那些话之后，心里有什么想法吗？"

评论：妈妈和女儿之间最初的矛盾——其实这种事时有发生，不过是许多"潜在事物"的冰山一角罢了。比起她们通常进行的在冰山顶端的沟通，这个层面上的沟通将会催生其他更深层次的感觉。这些感觉会对双方产生相互的情感影响，其关系即使没有协议和计划的干预也能有所改变。

然而，在交谈过程中，也需要从情感的澄清中得到具体的愿望以及诉求，即根据图84执行第③步。在这里，对话变得更具协商性。此外，人们还经常发现，母女之间的关系干扰只是整个家庭综合问题的一部分。这就是以“面向系统”的方式看待事物的基本思想。治疗“症状载体”通常是错误的——因为它只显示了整个系统的干扰。

第七节　赋予关系层面功能性

只有关系层面确定了，客观的合作才是可能且有效的——这一观点包含着一个巨大的诱惑：操纵关系是为了将关系服务于效率，充分利用人的资源。比如，当员工获得了友好而充满尊重的对待，并且感受到共同的责任感时，他们就能更好、更心甘情愿地工作。因此，我们将派他们的上司去参加人际关系培训，这样他们就能掌握这种风格，并学习如何以最佳的方式，及时地激励员工。

这种态度的不人道后果可以在伯克比布尔的《给职业培训师和讲师的工具书》一书中看到，这也是一个特别糟糕的例子，说明心理学是如何为操纵他人和不人道倾向的行为服务的。有一个测试任务可以当例子，通过这个测试任务，读者（潜在的顾问）可以检测自己把学到的心理学应用到实际案例中的能力。

测试任务

尊敬的讲师，我想向您提出一个请求："我将来该如何对待这位员工？如果您处在我的位置，您会怎么做？"

以下是研讨会参与者的讲述：

我是某汽车公司的首席副总裁，从事发动机设计方面的工作。我的一个副主管——一个叫弗里德里希的人，让我担心了两个月。现年34岁的弗里德里希是我们部门最年轻、最有才华的设计师之一。他大学毕业的头两年在一家声望很高的齿轮厂的设计部门工作。三年前，他来到了我们这里。

大约18个月前，我们委托他做一个特别的工作——改进缸盖的燃烧室。雄心勃勃的弗里德里希一头扎进了这项工作。顺便说一句，他还没有结婚，甚至还没有女朋友，尽管他看上去很不错，而且我们给他的薪酬也很高。他把大部分空闲时间都花在工厂里，经常加班到晚上十点，我一般也就默许了。我相信弗里德里希的工作总有一天会有成果的。

事情是这样的：在这次特别任务开始11个月后，弗里德里希给出了一个改进的缸盖的设计，四缸发动机马力增加了10%，而燃料消耗却没有任何增加！与此同时，几个测试引擎也正在运行，弗里德里希的说法得到了完全的证实，发动机性能提高了9.4%—9.8%！

弗里德里希取得第一个突破后，他请求我批准继续做这个项目。他的下属共有9人，其中2人是受过高等教育的设计师，3人是细工设计师，4人是制图员。作为下属，弗里德里希的同事们高度赞扬他非凡的设计才能。他们称他为“花花公子”，因为他只穿定制西装，开一辆昂贵的意大利跑车。

弗里德里希的部门每年要花掉我23万马克的工资。我的问题在于，我到底是该把一个新任务交给弗里德里希（我们在技术上没有问题），还是让他和他的部门在燃烧室问题上再工作一年？我选择了第二个解决方案——这是我的错误。

6个月后，弗里德里希给了我一个极具革命性的想法，他重新设计了汽缸、燃烧室和活塞外形，这将把发动机的燃料损耗减少到之前的50%！并在相同功率下减少50%的燃料！

我不得不承认，这个项目最初吸引我主要是因为我自己曾经是一名引擎设计师。但我不得不打断弗里德里希的想法。我逐字逐句认真地告诉他，这台发动机我们永远也造不出来。因为我们公司的主要股东同时也是新巴伐利亚炼油厂的最大股东，而我们的经济部长对此尤为自豪。简而言之，出于经济利益和权力的考虑，石油公司肯定会阻止这种发动机的建造。

弗里德里希认为，这样的话他会选择将自己的想法告诉别的公司，比如一家日本公司。我向他指出，根据雇佣合同的规定，如果公司在五年内没有使用过他在公司的任何发明，他才能将这些发明用作他途。所以，这五年他必须先等……

与此同时，我又把一项新任务交给了弗里德里希。从外表上看，他彬彬有礼，但也没什么人情味，在内心深处我很清楚这一点。上个星期周一的例行会议上，我发现，看上去极度疲劳的弗里德里希身上好像带了点儿酒气。

现在，我想问你：我能做些什么来激励这位顶尖的设计师继续全力为我们公司工作呢？

根据第一章学到的心理学知识，你会给这个测试者什么样的回答？

如果我们想谈弗里德里希的人格结构，我们需要回忆一下案例研究中给出的信息：

弗里德里希是一个工作狂，他在设计部办公室花了相当多的空闲时间。他没有结婚，甚至没有女朋友，他肯定也没什么朋友，否则他会利用空闲时间进行社交。他的同事只称赞他是专家，而除此之外，他就是他们心中的“花花公子”。

从心理学上说，这是一个有明显自卑情结的人，也就是说，他的自尊心非常弱，他的全部努力只为向他的伙伴们证明他是多么有效率和聪明。

毫无疑问，弗里德里希在他的童年和青年时期得到的“关爱”太少了。也就是说，他从来没有被表扬过，也许他的父母通过专制和压抑的教育抑制了他的个性发展。事实上，弗里德里希已经准备好接受心理治疗了。

正如我们所听到的，欣赏他人对于培养“健康”的自尊是必不可少的。因此，可以向这位提问的研讨会参与者提供以下意见：

第一，尝试和弗里德里希建立更紧密的人际关系。

第二，不断提醒他，你之所以重视他，不仅是因为他是一个出色的设计师，更因为他是一个很好相处的人。

第三，偶尔让他给你一些建议，这些建议不是他工作的内容，而是他觉得自己是专家的领域：比如，时尚男装或豪华汽车。

第四，让他的同事邀请他去参加一些私人的团体活动，比如，定期去打保龄球。

第五，让他去参加一些基于敏感性训练的好的研讨会。

第六，给他展示他在公司辉煌的职业前景，同时留意他在“领导力”方向上还需学习的东西。

这些建议和态度是由什么构成的呢?

事实和社会问题的心理学化。员工弗里德里希的失望绝不是基于事实和社会环境的背景（在这些背景下，失望似乎是一种可理解和恰当的反应），而仅仅是基于他的“人格结构”的背景。

通俗人格心理学导论。与其教导读者理解对话者的态度，不如鼓励读者分析对话者。他没有要求读者审视自己（我如何适应这种情况，我有什么感受和兴趣），也没有准备清晰的自我陈述，而是将目光转移到他人身上。

对话者的病理化。现在看来，弗里德里希已经准备好接受心理治疗了。对这个主题和关系的明确讨论再次被这个“他者的形象”所破坏。

对话者作为治疗对象。因此，“解决方案”不包含任何关于两个同等重要的问题之间争论的指导，而是关于（患病的）对象在心理上“熟练”治疗的指导。

人类价值观的心理功能化。在心理咨询的情况下，这种尊重和欣赏被系统地破坏了，现在又以一种虚伪的方式被重新引入——作为一种欺骗和达到目的的手段。

针对这个测试任务，你有什么收获呢?

第四章　信息的诉求维度

沟通总是意味着影响力。在信息的前三个维度中，信息发送者通过与接收者和世界的关系表达自己正在发生的事情。表达“是什么”是沟通的一个功能。沟通的另一个功能是产生效果，催化即将发生的状态，防止可能发生的状态。

本章将讨论产生有效影响的困难之处，以及如何产生有效影响，也会讨论接收者逃避影响的抵抗，还会讲到发送者的发送诉求技巧。尽管表达诉求遇到了抵抗，但是仍然产生了一定影响。具体有以下几种诉求形式：

秘密（隐藏）诉求

矛盾诉求

公开诉求

我将在本章描述它们的本质特点和问题。

但在此之前，我想说一说在一开始提到的人际交往的基本矛盾。

第一节　表达和效果

在各种复杂的沟通问题中，我花了很多年才发现了一些非常简单和基本的东西。我看到，人际交往存在一个基本困境——因为沟通始终是关于表达和效果的，而且信息发送者和接收者都面临着选择偏重哪个方面的问题，所以沟通表现为不断在两种要求之间折中探索——保持沟通“两极”之间的平衡才能使沟通成功。

我想更准确地表述沟通两极性的含义。沟通有助于展现传达的内容是什么。合作和人际交往建立在这样一个事实之上：我们彼此了解我们各自内心发生的事情，毕竟，表达自我和参与沟通是人生活的重要需求之一。

到目前为止，一切都没有任何问题。但是，沟通不仅可以表达“是什么”，还可以表达“本应该是什么”。通过表达，我想要产生影响，例如安慰他人（让他感觉更好），让他人快乐，让他人采取具体行动，让他人喜欢我……

到目前为止，仍然没有任何问题。有时，表达和效果以这样的方式协调：同时指向同一最优方向。例如，一个孩子伤到了自己，通过大声尖叫来表达他的痛苦。这种疼痛的表达同时也是达到理想诉求效果的最佳方式——着急地向父母求助。

但表达和效果并非总是这样和谐。因此，孩子可能很快知道，仅仅表达疼痛有时不足以按照自己的意愿调动周围的人和物。所以，即使是很小的伤痛，孩子也会惊声尖叫。这种表达有时反而会适得其反，最后可能会演变成毁灭性的效果：（不再给予关爱、羞辱）不再表达某些感觉（如悲伤和痛苦），无意识地戴上“逆来顺受”的角色面具。

两个基本方向。我们可以想象，世界上没有人单纯地以表达或效果为目的方向进行交流，两个方向总是平衡的关系。这里，我想再次强调这两个极端的基本方向。富有表现力的信息发送者努力想知道他内心到底发生了什么，他并不关注取得某种效果——无论出现什么效果，他都可以接受。

相比之下，以效果为导向的发送者总是会先自觉地半刻意、半无意地问自己：“我想要实现或防止什么？”然后，尝试以这样一种方式设计其信息，以便能够实现自己的目标。预期（假定的）效果主要用于行动指导。发送者也清楚，这条信息可能不会言之有物。这里的技巧和策略很重要，而在表达方向上，一致性和真实性成了决定性的标准。

对于接收者而言，发送者是否以表达或效果为导向的方式进行沟通，可能会变得非常重要。发送者哭泣是因为真的难过，还是因为他按压泪腺想通过这种情绪手段实现自己的目的？员工可能会问：“老板之所以赞美我，是因为他喜欢我的表现，还是他在提高员工积极性的课程中学到了有助于提高工作效率的技巧？”图85体现了这种想法。

朗格曾经谈到“功能中毒”现象：如果信息发送者的沟通侧

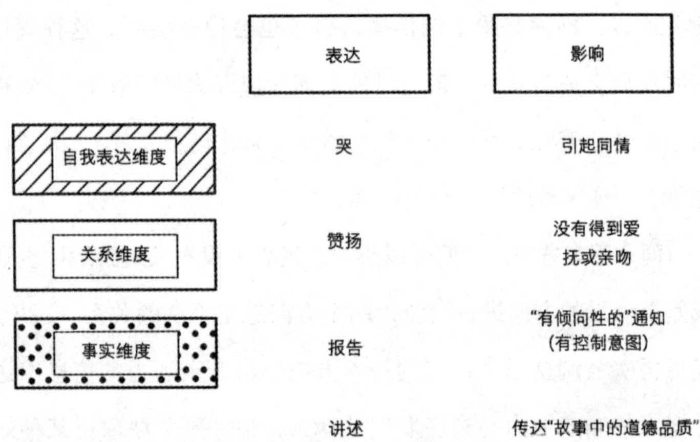

图85 行为方式的例子，这些行为或多或少能够以表达或影响为目的发布（或接受）

重效果，或者接收者（仿佛中毒一般）假定发送者侧重效果。

我们多次有过这样的经历：作为心理学家开设培训课程，参与者在开始时，会假定我们所做的每件事背后都有意图。即使是疏忽（例如黑板上的错字）也会被暗暗猜测：这个行为的目的是什么？我们应该接受这个测试吗？在关系不明确而且没有建立信任关系之前，不能简单地消除这种对功能的质疑。如果我们称这个或那个错误是完全无意的，那么承认错误就被认为是一个更高明的“把戏”，反而验证了接收者一开始对功能的怀疑。

到现在为止，我所有的陈述都不应该让人们产生这样的印象：表达导向的沟通是更真实、更好的沟通；效果导向的沟通都是虚假的、阴险的、不好的。这两个标准都有其正当性，忽视任何一个标准都会造成负面影响。那些（有意识或无意识）以效果为目的，忽略真实表达并隔绝自己也隔绝他人的人则把沟通对象当作其操控的工具。

只专注于表达不在乎效果的人，通常行事不负责任，他不得不忍受这种影响，避免落人口实，从而产生消极的影响。不可否认，在良好的关系中，以表达为目的的沟通越来越普遍。然而，沟通的成功基本取决于二者的平衡。事实上，良好的沟通都是妥协的结果："我想表达是什么让我生气（表达），但又不希望伤害到对方（效果）。"

露丝·科恩的"选择性真实"概念也包含这种平衡：真实指表达，选择则指关注效果。

两种沟通训练。理想情况下，两种沟通培训彼此区别：一种提高效果能力，另一种提高表达能力。效果能力指沟通以便实现所需的效果。例如，在修辞课程中，人们学会得体、熟练地表达自己，连贯地提出自己的要求，让接收者能根据诉求做出回应。管理人员的训练课程可能以"我如何激励员工"为目的，引导员工自愿为公司贡献力量。我在后文将借助伯克比布尔讨论一个效果导向训练的极端例子来加以说明。

另外，倾向于提升表达能力的课程更注重治疗。这里的重点是加强自我认知，弄清自己的情况，注意身体信号——这其实是关于自我表达和真实表达的能力。人文主义心理学对这方面的强调可以从露丝·科恩的引用中看出："我坚定地认为，即使我在表达时不希望带来影响，实际上我还是造成了影响。”

根据这一原则，我们的“沟通培训”随着时间的推移越来越以表达为导向，尽管这往往不符合参与者的期望，但至少符合他们表面的期望。在职场中，谁更会推销自己，谁就更具有优势，谁就更有价值。所以，很多人希望从心理学家那里获得控制局面的技巧和能力。

同时，人们也渴望清楚地理解，厌恶互相攀比、展示自己、炫耀、使用各种“诡计策略”相互竞争。这些都会导致人格逐渐分裂，而且情况会愈发严重。最终，每个人都必须从个人一致的角度，在表达和效果之间找到平衡点。

第二节　失败的诉求

发送诉求的信息发送者经常要意识到他对沟通对象的影响是非常有限的。如果接收者被要求做一些不符合他利益的事情，影响有限就更不足为奇了。然而，当“善意”的诉求逐渐消失甚至引发抵抗时，就出现了心理问题。

在下文中，我将讨论导致接收者对诉求不敏感的几个因素。发送者意识到这些因素后，发明创造了各种各样的技巧，消除阻挡诉求传达的障碍，即采取隐秘方法和矛盾方法。

2.1　关系导致的“诉求过敏”

诉求的有效性与信息发送者和接收者的关系密切相关。这一点在上文母亲和女儿的例子中非常清楚：女儿没有因为她认为诉求不合理，且不符合她的利益，就抵抗诉求（穿上外套）。女儿抵抗诉求，是因为不能接受母亲的这种诉求形式。

信息有四个维度，如果诉求和有争议的关系定义相关，经常会表现为拒绝诉求。（我不会让你给我制订任何规定，我不想跟着你的步调走！）这种抵抗其实是信息接收者为了维护自己的自尊故意为之的，有时还可以表现为“我偏偏不”的挑衅形式。

朗格曾这样形容：“每一个诉求都让你踏入对方的领域！”即踏入对方自由和自主的“个人王国”。接收者捍卫“王国”的各种行为被视为“正常反应”，这在社会心理学领域被广泛研究。在教育与合作中，一个人会做出许多反应，阻碍对方进入自己的王国。最重要的是，一个人的性格“王国”越小，就越倾向于“干涉”许多事情，试图将自己的想法强加给另一个人。

2.2 诉求不适合用来引起“彻底”改变

在许多情况下，诉求不成功的原因是，它不是解决问题的根本手段。想象一下，丈夫善妒，怀疑妻子，跟踪她。他的朋友告诉他：“你不能这样善妒、爱猜疑！这会导致婚姻破裂。”这个建议是善意的，但却不合适。丈夫的忌妒已经深入骨髓，以至于他根本无法改变自己——变得不那么善妒。

同样在下面的例子中：一名员工感觉自己在被上司使唤——招之即来，挥之即去。她不敢反抗，捍卫自己的权利。她的丈夫说：“你不能让这种情况继续下去，告诉他你的想法。”妻子：

"我不能这样做。我说话的时候，心脏会怦怦乱跳，然后一句话都说不出。"丈夫："你必须尽量保持冷静！他不会伤害你的。"

丈夫的论点非常明智：恐惧居住的地方，理性无法进入。诉求却恰恰相反：再一次面对自己的无能为力，产生更强烈的沮丧。我们注意到，当一个人有问题时，如果因为内心情感而失态，无论是建议还是警告都没有任何作用。这些帮助不仅无效，甚至还会产生负面影响——这就是为什么心理治疗师不会表达诉求。相反，他会倾听，试图解决问题，进入信息发送者的内心世界。在这样的治疗对话中，咨询客户有更好的机会自我调节，清除内心阻止做出理性决定的障碍。

正如好的建议不能取代治疗性对话一样，它也不能取代社会学习。一些教育工作者要求学生表现得体，然后设置许多复杂的行为规范。例如，长时间坐在椅子上；倾听别人讲话；表达自己的意见时，要提及前一位发言者并保持礼貌；等等。这些都是需要学习和练习的行为。

如果孩子没有学过，没有人会想到要求他开9的三次方。然而，许多教育工作者的"体面行为"似乎不是练习就能掌握的事，而涉及道德和善意。慢慢地，有观点认为，干扰的行为并不是基于反抗惩罚教育，而是因为学习缺陷，为此，现代人文教育学必须提供社会学习机会。

因此，有证据表明，学生的"争吵"并没有受到扩大的"攻击天性"的影响，他们根本没有机会口头对抗。关于课程安排是否公平的争吵如果不是在家或者学校这种地方进行，就会被沟通代替。

2.3 诉求偷走了原创行为

一个14岁的男孩，他的父母想在外面度过周末，于是，他决定整理一下花园，在父母回家时给他们一个惊喜。当他说再见时，他的父亲说："如果你特别无聊的话，你可以整理一下花园。"男孩的内心无比失望，他觉得一切都被搞砸了。这个男孩自然不会去整理花园，因为这一行动已经被诉求"贬值"了。

一般来说，一旦根据诉求完成一项行动，心理状况就会随之改变，我们将回到这一重要事实。人们的一个最基本的愿望就是在某些时候能够成为行为的原创者——主动行动，而不是按照指令被动行事。善意的诉求剥夺了接收者这种原创的愿望。如果没有漏洞的规则和制度规定了"好的行为"，比起促进孤立，这种规则制度更多会变成阻碍。当所有"好的行为"都被规定出来，青少年在寻求原创体验时，就会做出一些幼稚的、具有破坏性的行为。因为"英雄行为"不能容忍任何指令。

2.4 诉求阻止了自发行为

我们在上一节内容中已经看到，一旦一些行为在诉求中被提到就会失去所有实质内容。 有一些常见的行为，其本质是自发的，只能主动自愿地进行。如果信息发送者向接收者发送上述本质自发的行为诉求，我们就称这种情况为"非自发性悖论"。

例如，一个男子很少给他的妻子送花，即使送，也是因为妻子的要求。妻子说：“我希望你能带给我一些花做礼物，是你自愿带的！”然而，这个诉求对于有些男子来说是不可能的。

有的动机和感受基本上都是自发行为。这一事实往往被提出诉求的信息发送者所忽视。你可以要求某人从地下室取煤，但是你不能要求他：“你应该爱我！”这是一个蛮不讲理的要求。

善良的发送者经常会试图与负面情绪中的接收者交谈。为了让他“振作起来”，我们向他展示了生活的美丽，但这反而让他更加悲伤，因为他看到了自己的反应是多么“不合理”。例如，“不要那么伤心（愤怒、敏感、仇恨、嫉妒等等）！”这种诉求不仅不适合引导我们期望的改变，反而会引起截然相反的效果。这种（相反的）情况在某些情况下可以用于心理治疗。在后面我将再次回顾这一点。

对自己的不合适的诉求。一些引起相反效果的诉求不是针对别人，而是针对自己。例如，当我们在感到悲伤或紧张时要求自己开心放松。因此，在任何治疗中，允许接受事物原本的样子是基本规则。

只有真正经历过的人才明白情绪是什么样的。当不良情绪获得承认，表达因此变得“鲜活生动”时，我们就会再次对他人敞开自由的心扉，并拥有好心情。另外，尝试使用任何人工娱乐的（俏皮话、笑话）方式，通常会导致痛苦情绪的加剧。

就其本质而言，睡眠和性行为也是自发现象。面对那些难以入睡的人，我们常常会说：“你必须快点儿睡觉！”并且用各种手段来帮助他们入睡（数羊）。然而，睡着是“自己”发生的，自我诉求会阻碍期望的效果，因为降低了诉求的门槛。睡眠（就像所有自发现象一样）就像一只鸽子：如果伸手去抓它，它会飞走；如果你只是轻轻地伸出手臂，它就不会让你失望地落下。

性行为也是一样：当它“不起作用”时，试图通过自我诉求手段（现在集中注意力，兴奋起来）来激励和强迫自己，就会产生问题。显然，一种良好的手段被用在了错误的领域。自我克制的诉求会让自己背上压力，承受一些不愉快的事情。另外，性能力不会跟随这种压力被提升，反而会被阻碍。

2.5 诉求干扰了“内心的平静”

通常，信息接收者不仅会对信息中包含的诉求产生相当大的抵触，还会拒绝相应的事实陈述。如果最终这些陈述被证明是正确的，他的内心就会因此难以平静。

让我们看一些例子，然后找出共同点：

第一个例子：矛斯先生是一个重度烟民。他收到的信息是：“吸烟有害健康，会导致肺癌和心脏病。”矛斯先生粗暴地做出反应：“哦，什么？统计数据可以证明一切。那我们是不是都必须死？”

第二个例子：马德尔先生一直严格要求他的孩子，希望让他们成为体面的人，他经常在他认为合适的时候打孩子。在一次讲座中，他听到了老师的意见：“通过打孩子让他们屈服会加强孩子的自卑感，容易使孩子对环境产生恐惧和敌对心理。并且，他们会效仿家长的行为，变得恃强凌弱。”马德尔先生听到后很不高兴。“你真的有孩子吗？”他问演讲者，“你们那些纸上谈兵的智慧跟事实一点儿关系都没有。”

第三个例子：拉特先生购买了一辆新的X–Luxury牌汽车。一位同事对他说：“我听说X–Luxury有很多问题。”拉特先生回答道：“哦，听过很多，听谁说的呢？”同事：“舒尔茨是这样说的。”拉特先生：“舒尔茨对汽车有什么了解？他这么说是因为他的X–510有很多问题！”另一位同事：“我看到一个测评，X–Luxury的表现相当不错。”拉特先生：“啊！非常有趣，可以说给我听听吗？”

所有这些例子有什么共同之处？所有例子中，信息的内容都与接收者的某些行为或信仰相矛盾。这些诉求要么难以遵循（如戒烟），要么根本无法遵循。因为（按照信息）“错误”的行为已经完成，并且不可逆（如购买X–Luxury牌汽车或打孩子）。人们谈到的信息与接收者的认知失调，并且不合意。“合意的”信息指那些美化、合理化自己的生活方式和行为方式的信息。因此，那些肆意挥霍的富人容易受到将他的个人成功归因于他的高效和努力的信息的影响，对那些认为他的私有财产通过不法（不道德）行为获得的信息非常敏感。

接收者拥有敏锐的眼睛和灵敏的耳朵，用以接收一切合理化他的生活方式和行为方式的信息。他屏蔽了相反的信息，按照自己的意愿解释一切。这里，感知服务于保证内心的安宁、理智和沟通方式。

信息接收者如何处理不和谐的消息？有三种方式：

第一，忍受不和谐。这是一个不常用的方式，因为不安的内心会使接收者处于非常痛苦的状态。

第二，改变行为或旧信念，以便与不和谐的信息及其诉求相对应。例如戒烟，每个吸烟者都知道，这并不容易。改变“根深蒂固”的行为方式同样不容易，并且已经完成的行为无法逆转（不能退掉X–Luxury牌汽车）。

第三，抵制信息及其令人愤怒的诉求。为此，接收者可以使用各种防御措施：他可以简单地忽略没有听过的信息，这也避免了发送不一致信息这种概率事件的发生。尽可能避免那些拥有完全不同观点并传播完全不同生活方式的人。

如果一个人无法避免不和谐的信息，那么做好充分的准备是必要的：准备好信息和反驳论据，反驳信息发送者。

如果一切都没有用，贬低信息发送者勉强可以让内心恢复平静（例如，“舒尔茨对汽车的认识真是让我生气”。）。这种防御技术非常实用，因为它有一石二鸟的效果：一方面，如果我假设信息发送者无能或有其他缺陷，就不需要认真对待信息的主题和诉求。我在自我表达维度上接收信息，将其看作证明缺陷的文档。另一方面，发送不和谐信息的人让我饱受折磨，他是我的沮丧之源。通过贬低他，我的复仇愿望找到了一个出路。

第三节　隐藏的诉求

“很明显，有人可以通过言语或其他信息影响他人的行为，但不知道这种影响是否会在信息发送者和接收者无意识的情况下发生。”心理治疗师贝尔研究发现，客户可以不直接表达他们的无意识愿望，而是通过说话的方式为接收者营造特殊的情绪氛围，这使接收者愿意根据自己的要求做出反应。

例如，两姐弟激烈争辩继承问题，到目前为止还没有得出结果。姐姐想要获得她应得的钱，弟弟非常难过，因为这意味着他必须卖掉自己现在正住着的父母的房子。

当两人再次相遇时，他说：“我很高兴再次见到你。我们上次谈话之后，我非常沮丧，几天都没有睡觉。”弟弟的信息创造了一种和解及哀伤的情感氛围，“不知何故”使姐姐无法“今天再这样对他”。她下意识地暗暗决定，今天只谈一些“讨人开心的主题”。

任何想要追踪信息发送者潜意识愿望的人，都必须注意其作为接收者的感受。让我们参考前面的一个例子：有人在哭。起初我们倾向于把哭泣作为悲伤的表达，也就是说，我们在自我表达维度接收到了哭泣的信息。也许我们并不了解哭泣的心理意义。当另一个人开始哭泣时，我会怎么样呢？我会受到感染，我的怒火被浇灭，我同情他，我屈从“我的心被融化了”，我转向哭泣的人安慰他，使用他的主张和“真理”，不让他再受煎熬。

这是他哭的目的吗？哭的人会愤怒地拒绝这种想法：哭泣是自发的，绝不是自己用来影响对方的策略。

哭泣并不是撒谎掩饰。他使用策略时是无意的。也许在童年时他也曾使用过这个策略并使他受益——哭泣将他从最坏的情况中解救了出来。

以前面提到的哭泣为例，我们已经了解了一种心理学工作方法，其特征在于最终着眼点。这意味着，为了理解或解释行为，人们不会询问（过去的）原因，而是询问行为（通常是无意识的）如何受益。阿德勒非常强调这个“如何”，所有行为都服从于（通常是无意识的）目的。最好通过观察反应的环境，可以发现目的的蛛丝马迹。

让我们在下面几个例子中使用这种“最终着眼点”的方法来学习发现一些信息和动作中的隐秘诉求：

自杀未遂。对方试图自杀。在自我表达维度上可以看到绝望和痛苦的情感。信息发送者似乎有意让一切终止。然而，经过仔细检查，自杀企图往往被证明是一种对环境的诉求信息：“救救我，不要让我一个人，请关心我！”同样，自杀通告通常带有强烈的诉求特征，例如，当一人想和伴侣分开时经常会将“我要去自杀”挂在嘴边。这种诉求（不要让我一个人）绝不是“悄悄地来又悄悄地去”，而是响亮而急切的。接收者往往因此感到被诉求所胁迫。

焦虑。一名23岁的女性在晚上产生了强烈的焦虑，因为丈夫回家的时间晚了。她与焦虑相关的症状是出汗和肚子疼，偶尔会产生恐惧甚至引起昏迷。当丈夫回家时，他试图安慰妻子，关心她并承诺以后一定会准时回家。治疗师很快意识到，恐惧是其最后的着眼点（恐惧实现了她的最终目的），它被证明可以成功处理自己的不安，是有效的策略。但这并不是说女人只会假装焦虑给丈夫戴上锁链。因为，她的焦虑状态是真实的。

结论：焦虑状态对重要接收者具有强烈诉求作用。妻子的诉求成功了，因此恐惧也被证明是成功的，从信息发送者的角度来看，这是有意义的。最重要的是，焦虑治疗有两点需要注意：第一点，恐惧具有一次性的特征。丈夫会收到提示，不再小心翼翼地加强妻子的这种自我感觉——我不再陪你“玩游戏”了。第二点，必须加强女性的自我意识。她们的秘密信念是“只有身边有一个强大的守护者，我才能生存”，这种信念必须被自信所取代。

敏感性。我们中的许多人都对一些信息异常敏感，例如，反感被批评。他们“总是感觉受到侮辱”，用伤人的表达或攻击行为回应。在自我表达维度上，他们表达了自卑，同时在诉求维度上给对方发送了指示——“你必须这样对待我，你不能如此对待我！”

一般来说，这样的诉求会产生效果，接收者也同意：“我必须像对待易碎的鸡蛋一样对待这个人！”

各种幼稚的行为。孩子们还有什么事情不会做？疼痛时，他们会弄出震耳欲聋的声响，打兄弟姐妹，拆东西，把东西扔得到处都是，发脾气，想尽一切方法捣乱，发出尖叫……孩子的身体里仿佛住着“撒旦”，是否有必要将这个魔鬼驱逐出去呢？

其实，孩子身上的这个所谓的“撒旦”就是诉求。当没有接收者可以传递诉求时，幼稚的行为就会出现。它在说：“把你的注意力转向我！”被忽视远比被责骂、被告诫、被大声训斥更糟糕。儿童在发明吸引注意力的方法方面颇有造诣，他们实验这些方法会不会让自己看上去很可怜，测试它们的破坏性和攻击性。很快，孩子就能发现对母亲或对父亲最具破坏性的行为是什么。

这里的问题同样出现在接收者身上：如果我参与游戏，我应该如何反应？

无助、无能和弱点。在自我表达维度上，我们见识到了内心隐藏弱点和错误包装的工厂。同时，自我表达维度也发出了相反的声音：“我没有任何进展！”“我做不到！”“没有你，我不知所措！”

沮丧的人会做很多事情说服沟通对象（和自己）接受自己没有能力的形象，他们的“弱点”表达了对他人“援助力量”的诉求，并证明自己本身也是强大而有力的。

3.1 什么让隐藏诉求如此有益

为什么诉求“悄悄地来又悄悄地去”如此常见？哪些优点

被缺点补偿，让接收者感觉不到诉求，从而错过它们的效果？最重要的是，要考虑两个优点：

第一，隐藏的诉求往往要比公开表达更成功，因为他们使接收者情绪化，这样，他们会更愿意按照诉求的方式做出反应。上面的例子中，如果弟弟直接表达了他的愿望（我今天不想谈论继承问题！），那么，姐姐很可能会反对并坚持她的利益，认为弟弟在逃避一场成年人的争论。即使是小孩也知道，直接地表达自己的愿望没有苦恼的表情有效。

第二，发送者不必对隐藏的诉求承担责任。如果有必要，他可以（甚至对自己）否认曾经表达过愿望。因此，发送秘密诉求可以帮助发送者避免因被公开表达拒绝而造成的伤害。贝尔认为，一个人的隐藏诉求体现了他的脆弱：明确表达愿望后被严厉拒绝或惩罚过，因此发送者将这种表达埋藏在内心深处。

贝尔如此表述道：

> 很明显，在情感上强迫信息发送者以隐藏形式发送诉求的能力是在儿童时期掌握的，目的是保护自己免受伤害。当孩子意识到某些思想和欲望的表达会引起他无法应付的回应时，他就会学会隐藏那些思想和欲望。
>
> 长大后，孩子还将学会使用接收者不完全理解的方式进行表达，因为他发现了隐藏的模糊特性。于是，

> 他练就了一门技能，用来避免暴露自己脆弱的意图，规避无法应对的反应。而需要这种伪装的区域就是一个人的脆弱区域。

因此，隐藏的诉求应该被视为一种策略，它在实现“一箭双雕”的同时避免了双重目的被发现。人们会无意识地认为就应该是这样的，但是发送者表达出的并不是这个意思。这个目的产生了不一致，也就是不一致信息（见第二部分第一章内容）。

贝尔提供了另一个例子：父亲借口没有时间，多次拒绝教儿子骑自行车。儿子说：“我才不想学骑自行车呢！”但与此同时，他又抓住一切机会靠近自行车来表示抗议，并和他人谈论自行车。隐藏的信息能够引起父亲的内疚感，而明显的信息则完全相反。在这里，我们看到了此前描述过的双重关系，接收者只能放弃一贯的反应。

信息发送者越脆弱，这种间接方式在情感上的作用力就越强。那些依靠过去的伤口来控制沟通对象反应的人必须全力以赴，甚至用猛烈攻击的方式来确保他们的影响力，同时极力否认他们才是始作俑者。

猛烈的攻击有时表现为神经性的症状：焦虑、暴怒、强迫行为等。使用这种形式向沟通对象施加巨大压力，同时，这种形式有助于否认自己始作俑者的身份（因为生病的人肯定不是有意的）。

当然，“成功”地扮演病人也会让自己尝点儿苦头，但他甘愿付出代价——代价不仅包括症状本身带来的不适。另外，因为隐藏的诉求并没有真正获得所需的反应，孩子通过捣乱、发脾气等等希望获得关注，但没有获得爱，而是受到惩罚。虽然有总比没有好，但有时结果却不是自己真正想要的“那个”。

同样，一个人永远用犀利的语言和咄咄逼人的评论打压他的同事，虽然获得了许多反应，但其他人的态度基本都表现为中立。他的个人逻辑是——“在我如此需要关注的时候，被人憎恨也好过被忽视！”然而，随着时间的流逝，这被证明是“真实愿望”的可怜的补偿性机制。

3.2 信息接收者违背诉求的反应

信息接收者应该如何应对隐藏诉求？有一种说法被反复提出：通过符合诉求的行为，接收者冒着巩固问题行为的风险无意间（或有意）促进了“从成功中学习”。对于受到干扰的孩子的父母和“精神病人”的生活伴侣来说，这通常是一种痛苦的见解——他们的行为即便不产生干扰，也会维持现有症状。

因此，接收者在某些特定场景有了新的学习目标，即违背诉求反应。这并不容易，因为我们对隐藏诉求的反应几乎是自发的，有人在哭——我会产生想抱抱他的冲动；有人表现得笨手笨脚——我会产生冲动说：“给我，放着我来做”；一个孩子不停地向我挑衅——我感觉要气炸了；阿斯特丽德打小报告

（“莱希把地图册扔了！”见图14）老师回答：“我看看发生了什么！”

在所有情况下，信息接收者都加入了这些“心理游戏”，并巩固了沟通对象自怜、无能、欺凌的认知，甚至助长了学生打小报告的行为。有什么替代方法呢？被诉求反应指什么？什么叫“从游戏里脱身”？

第一步，信息接收者要意识到隐藏过程：通过聆听，了解信息发送者希望引起怎样的感受和行动，如此他就知道“风往哪边吹”。重要的是感受这种“风”，但不要被它刮走。

第二步，接收者必须提出一个问题：什么隐藏利益可能诱使我参与游戏？也许是我多想了，但即使是不起眼的自发反应，也经常是一种隐藏目的。一次又一次掉入信息发送者的游戏中也许不是那么不愉快，我们本来齐心协力，现在却要相互猜疑？第二步引导信息接收者弄清自己的责任。心理咨询师如果错过这一步，他们善意的建议将以失败告终。

第三步，回答了替代方法的问题。违背诉求的行为，即接收者的反应不对应发送者的隐藏诉求——被贝尔称为“非社会性”。然而，只有在宽容的环境中，拒绝参与游戏才有益于心理健康和治疗。发送者可能会注意到，对方希望他不要对自己的拒绝产生敌意。一般来说，在接受的基础上，对抗是有益的。

“非社会性”行为方式表现为各种形式。心理学家经常在教育领域提出的一个建议是：忽略干扰的或者是有问题的行为，不做出任何回应。但这只是避免参与游戏的一种可能性。德雷克斯建议教师在某些情况下进行“心理揭示”——用温和的说话方式表明目的（是不是你想让我关心你呢）。另一种可能性是明确地说出诉求的弦外之音，并询问发送者是否想要表达这一愿望。

所以，在上面的例子中，姐姐可以回复她的兄弟：“我觉得，你是想让我今天平和地和你讨论有关遗产的问题，是这样吗？”这样就促进了双方在理智的成年人维度上进行讨论。

3.3 展现事实的隐藏诉求特点

在第二节中，我们研究了一些行为。它们的接收者通常会将这些行为定位到自我表达维度上。我们还了解到，搭配一个附加的“诉求耳朵”不仅可以防止无意操控，还可以在诊断时更加深入地了解信息发送者。

到目前为止，我们认为，所有的诉求都是“隐藏的”，因为主要信息似乎是自我表达维度。现在，我们看到的诉求是将其目的隐藏寄托在事实维度上。我们可以以一句话为例：“人类智力的不同，在很大程度上取决于基因的构成。”

单纯地接收这一信息，会让你关注事实内容本身，并将其纳入自己的认知，进而成为决策的基础。相反，如果带着批判性的念头接受信息，就会有将信息四个维度上的一些事实表达为有诉求的倾向。因此，这种接收方式的第一步就是揭露隐藏的诉求。

在例子中，他的意图可能是表达“人类平等”观念，早期平等机会（如补偿性学前教育计划）的努力都是虚幻的。接下来，你可能要问：谁（哪些集体）会在这种诉求中找到利益点？另外，信息的发送者是属于这些集体还是受到了其影响（例如他们的薪水）？

如果有证据表明了这种利益诉求限制，那么该信息将如图86所示。

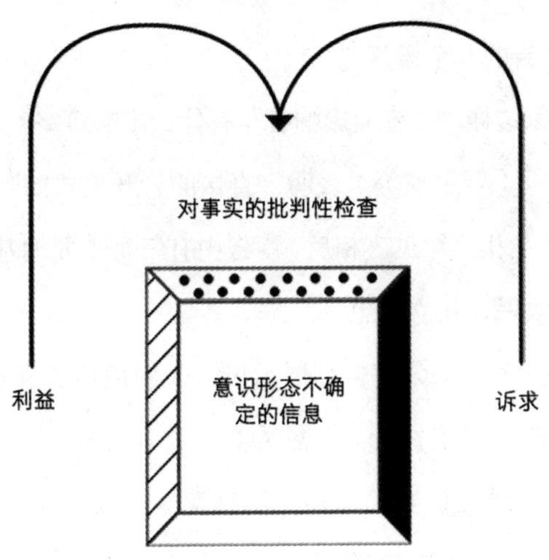

图86 意识形态批判性接收信息：发现诉求，将其视为信息发布者的利益点证明。图中的诉求、利益限制模型成为意识形态推测的依据，并且引出对重点事实信息的批判性检查

但是，这些证据并没有减轻检验信息客观真实性的负担。客观上的错误（或者片面性）才是意识形态上的问题。例如，曼

尼斯·斯珀伯背弃了他对青年时期的意识形态的批判性怀疑：

> 从那时起（1937年），我不再问：谁从真理获益，谁被真理伤害。为了表达和捍卫真理，我遭遇了各种情况。真理可能会引起不适，这个事实会减少它的价值，因为它可以破坏甚至粉碎这个或那个可爱的确定性。
>
> 事实不是功能性的，也不是策略性的，更不是党派性的，但它是有用的，且容易被滥用。

3.4 广告的几个策略

广告专家这样的“专业影响者”有什么影响策略？对联邦宣传广播的分析（舒尔茨等）表明，直接的、开放式的呼吁（“喝可口可乐！”）相当罕见。相反，广告中有三个重要的基础原则：展示；展示效果；建立联想。

展示。很大一部分广告都展示出，人们被信息发送者所希望的行为（购买或消费行为）愚弄。接收者的模仿热情也被计算在内。正如研究证实的那样，信息发送者表现得越吸引人，越有吸引力，产生的影响就越大。

事实上，广告里的模特大多看起来都很年轻，通常都打扮得漂漂亮亮。我们发现了这样一个事实：信息自我表达维度的形象构建也增加了诉求维度成功的机会。

学习模型在教育中也起着非常重要的作用。值得注意的是，父母和老师即使没有针对孩子，也会对孩子产生影响。例如，当他们吸烟喝酒时，当他们闯红灯时，当他们在发生冲突时恼怒地贬低对方时，当他们对某些事件表现出夸张的恐惧时……

一个著名的笑话说明了这个问题（见图87）。父亲将大儿子放在膝盖上，旁边站着他的小女儿。父亲一边打他一边说道："我来教你怎么欺负弱小！"

图87　父亲"教"儿子"不要"欺负弱小

展示效果。广告几乎总是在展示或说它们为消费者带来了什么好处。在使用某种牙膏后，有口臭的年轻人不再受困扰，可以与年轻女孩愉快地约会；早餐桌上一个幸福的家庭说："孩子对你的爱通过人造黄油（Homa Gold品牌）来展示！"；或者是

“××豆制品让一切闪闪发光，让每个人脸上都洋溢着幸福！”

展示效果是一个非常普遍的原则，其基础是承认行为会影响结果，好的效果促进成功，坏的效果压制成功。确保遵守行为规范很大程度上通过将行为与效果相结合：“任何人非法获取其他人的财产都会因盗窃罪而受到惩罚。”

德国刑法中的这一段文字包含了这一诉求：“你不应该偷窃！”这种诉求的有效性与惩罚有关。但实际上，任何说服或企图说服的行为都会产生效果。

如果信息发送者承诺会有效果，他将根据接收者的动机做出某些假设。如果一些人不能“从炉子后面被引诱出来”，那么再好的效果又有什么用呢？在一定程度上，人们的喜恶有着显著差异。喧闹的音乐可以使一个人陶醉，也可以让另一个人惊恐地捂着耳朵。对于生活在底层的孩子来说，被表扬通常不是一种可持续的激励，它只是一颗糖果；而对于来自中产阶级的孩子来说则恰恰相反。

一个人容易受到什么影响，首先取决于他的学习经历，然后取决于他的需求——哪些需求在很大程度上得到满足，还有哪些不能得到满足。

马斯洛需求层次理论讲，当基本物质需求（充足的空气、食物、睡眠、物质安全）被满足，更多对爱、认同和自我实现的心理需求就会显现出来。而那些赚了很多钱的人不容易“从炉子后面被引诱出来”，是因为他们声誉和威望兼具。

我们的广告专家会分析马斯洛金字塔的哪个阶段是当今消费者的需求。许多情况下，对购买行为产生影响的需求包括增加声望或改善人际关系。尽管这种优势并不是购买目标的自然属性，但至少在富有的接收者眼中，它们更容易处于当今社会种种欲望的中心。

建立联想。我对物品的喜恶很大程度上取决于它给我带来的感觉。这种感觉的本质，反过来又取决于我和物品的经历，更准确地说，是我在这个物品前的经历。

假设一个孩子去医院打针，因此经历了针刺造成的疼痛。一个星期后，在理发店里，孩子哭了。这是为什么？因为理发师像医生一样穿着白色外套（孩子在一件“白大褂”面前经历了痛苦的经历），原本无害的白大褂由此成为孩子恐惧的导火索。

这个过程被称为“经典条件作用”，意思是刺激（白大褂）和反应（恐惧）的结合。我们生活在一个充满“白大褂”的世界里。我们遇到任何事情都无法在情感上保持中立。基于之前的经验，某些感觉会被再次触发，而这些感觉会让我们准备好采取行动（例如，恐惧会产生逃避的想法）。

广告专家认识到：我们不能假设产品的接收者从一开始就有积极的情感反应（以及相应的行动，即购买意愿）。那么，我们怎样才能把“无害的白大褂”变成一件引起情绪反应的“褂子”呢？广告专家给出的答案是：与愉悦的刺激相结合。

因此，在一个纯粹的健康山区景观的背景之下，在一个汽车轮胎和一个酒瓶旁，接收者看到了美女的身影。这时，接收者是否会注意到酒精和健康之间的联系呢？香烟和广阔世界的气味，柠檬喷雾和无忧无虑的青春——它们之间都有相应的联系。

3.5 包含诉求的概念

这种联系系统再造是招聘人员和宣传人员的工作。相比之下，通过使用语言，使用现有的联系是我们的业务。我们每一个发音的单词不仅包含了它所表示的词汇意义，还包含了从过去的经历中产生的各种情绪成分。这些情绪构成了我们与这个词联系起来的点。然而，评价并不是我们负担不起的审美奢侈品，而是一种非常实用的工具：它们控制并证明我们的行为是合理的，它们中也包含了诉求。

我将通过一个例子来展示这个过程。假设某人有这样的经历：当有人站在街上乞讨时，每当看到这样的人，母亲就弯下腰对她的孩子说："这是一个乞丐，他很懒，他在向别人要钱。"这样，这个孩子不仅学到了"乞丐"这个词，而且，他从此刻起还会将"拒绝"这个词与之产生联系（见图88）。

如果这个词后来再次被使用，以前的拒绝将被转移到新指定的人身上。假设有人说："搭便车只不过是一种现代形式的乞讨而已！""乞丐"或"乞讨"这个词已经取代了情感的传递，并包含了相应"弯下腰"的诉求，即提醒别人。

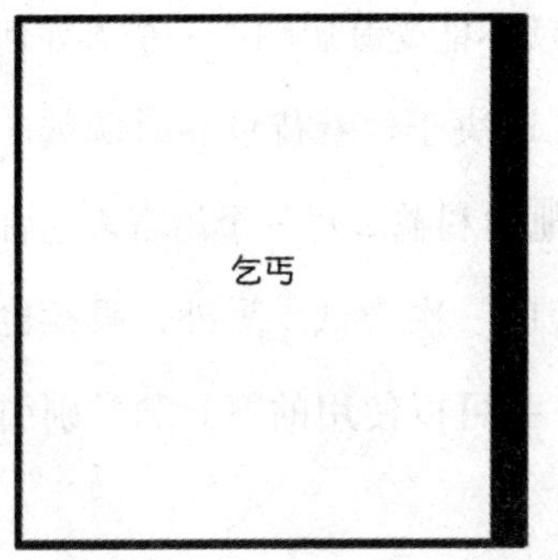

图88　包含诉求概念的例子

令我们震惊的是，由于早期的联系，我们用来代表事实的词语几乎总是带有这些情感成分，因此它们本身就已经具有诉求成分。有一段时间，新闻媒体上到处都在激烈地争论，究竟是巴德—迈因霍夫的“群体”还是巴德—迈因霍夫的“帮派”。除了政治上的自我表达，这场争论之所以相持不下是因为人们的不同诉求都与所选择的“语言规则”联系在一起：“帮派”包含了一个明确的诉求：“从里面脱离出来，不要用行为也不要用同情去支持这些人！”

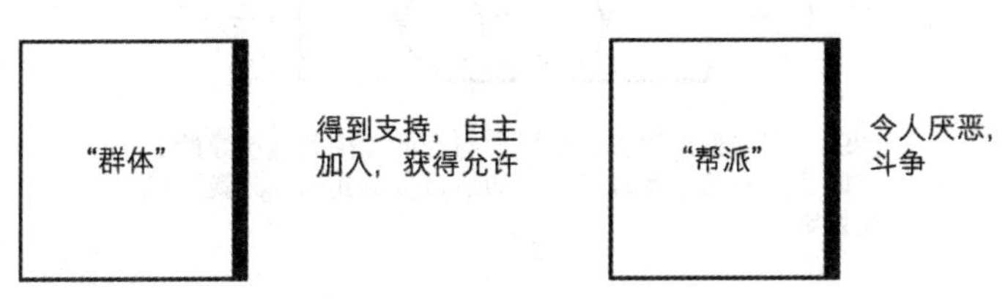

图89　带有不同诉求的两种关系

从这些例子可以得出这样的结论：既然我们可以用来陈述

事实的语言具有诉求，我们就不能受其影响。一个人如何在语言上呈现这个世界的事实，取决于他看待世界时所戴的“眼镜”，而这些眼镜又取决于他的利益。每一个语言表达都包含着为接受者如何戴这些眼镜的一次尝试。另外，眼镜也是语言表达的结果，也就是说，我可以使用的概念和类别引导我的感知。

然而，那些站在我前面的人和那些在语言上“推动我”的人（媒体和老师）可以为我提供术语和类别。在利益导向的眼镜与语言表达的不断互动中（见图90），可以说人具有先发优势。

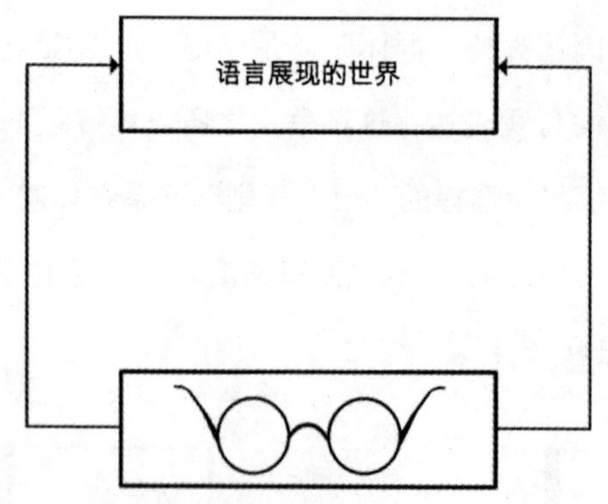

图90　我如何用语言展现世界与我的（由利益引导的）“眼镜”有关。反过来，我的语言也对我的“眼镜”产生影响

因此，我有时候可能会以那些与我利益截然不同的人的眼光来看待这个世界。在这种“假意识”规则的产生中，批评家

们看到了学校在资本主义制度中的主要作用。对此，有一个例子经常被我用来表明语言的选择和对个人利益的诉求，即雇主与雇员。雇主表示“给予”，雇员应当心存感激，而不是过于苛刻，甚至产生阶级斗争。

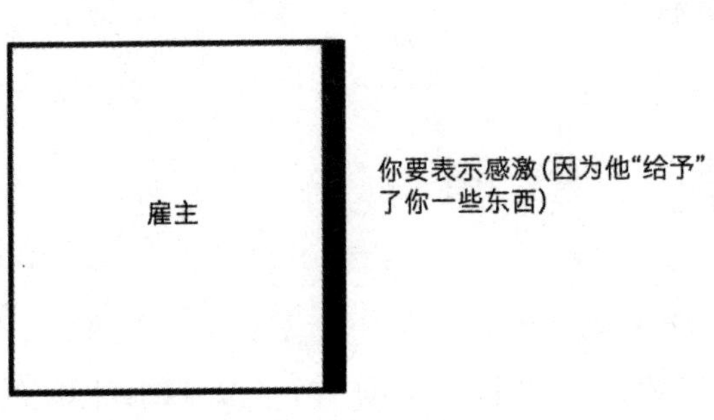

图91 “雇主”概念的诉求层面

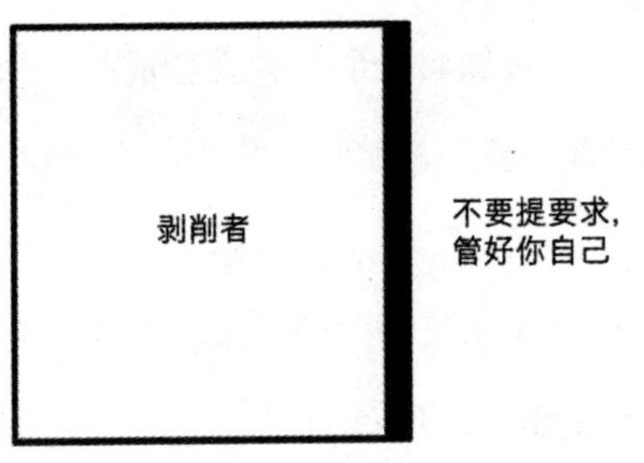

图92 “剥削者”概念的诉求层面

同样，我们可以反过来看这个词：雇主是提供劳动的人，雇员指为接受工作（工资）并因为自己的目的使用它的人。

语言对等的诉求，因此在术语“剥削者”中被揭示出来。这个术语所包含的情感部分暗示了它的诉求：“不要要求这要求那，管好你自己！”

一些人或团体是如何被贴上蔑视的语言标签的？采取行动要求不基于论证，而是通过使用概念和短语来唤起这些概念所具有的情感（和行动意愿），因此，将这个概念说成情感诉求是非常正确的。

第四节　矛盾的诉求

4.1　命令

到目前为止，我们认为，每一个（公开的或隐藏的）诉求和接收者移动的方向应该是一致的。这似乎理所应当。如果我想让对方来，我会说："过来！"而不是："待在原地别动！"如果我想让接收者购买某种饮料，那么我就会成为一个广告中的人物，喝下后说："真是提神醒脑！"我当然不会说："味道糟透了！"然后吐出来。

因此，乍一看，移动向相反方向的诉求似乎非常荒谬。我们来看一个阿德勒给出的例子（见图93）：

2岁的女儿在桌子上跳舞。母亲吓坏了，大叫："快点儿下来！"但女儿不为所动——母亲的话没有效果。3岁的哥哥喊道："待在上面！"小女孩却立刻下来了。

阿尔弗雷德·阿德勒对这件事的评论是："毫无疑问，拒绝一个人可以让孩子感受自己的伟大。如果孩子做了相反的事情，

图93　母亲和哥哥不同的诉求策略

他又是被什么引导的呢？”我们讨论过，接收者如果重视自尊心，那么可能会拒绝诉求——这不是因为他是错误的，而是因为他认为自尊就是不允许别人进入自己的“王国”，如果顺从就代表人格被打败，相反，不顺从就被看作自己独立的证明，这也是一个让自己感觉“伟大”的契机（即使发送者的诉求没有成功）。

阿德勒谈到了相反的成功现象：“让儿童和成人都走上正确的道路，通常并不困难，只要下令采取相反的行动。”“相反结果”的可能性基于这样的事实——诉求往往涉及一种压力，这种压力由接收者承受。事实上，正如我们所看到的，尤其是当诉求同时还提出了“占上风”的问题，或者如果诉求的目的是引发接收者产生改变，这种改变可能会让接收者感到不适，或者根本不可能改变。

1810年10月15日，海因里希·冯·克莱斯特在《柏林人》杂志上发表了一份“最新教育计划”，颇有讽刺意味：

我们决心建立一所所谓的副学校，更确切地说，是一所敌对的学校，一所通过恶习建立的美德学校。

因此，老师将在一天的特定时段被雇佣，用系统的方式教授：嘲笑以及偏执、蔑视，信口开河的奉承，吝啬和胆怯，鲁莽和浪费。

这些老师不仅要通过训诫，还要通过榜样，通过生活行动，通过直接的实践，对交际和交往产生影响……

在污秽和混乱中，在争吵和诽谤中，我的妻子会给我们上课。内容包括：摇篮曲、玩耍、喝酒、懒惰和暴饮暴食、自私自利。

这个计划是对“普遍矛盾”的反思：

在我们看来，法律总是把我们扔在相反的一边。打个比方：有人告诉我，从窗户经过的人足有一吨重。但说实话，他只是个普通的肥胖症患者。但当我走到窗前时，我不仅仅纠正了这个错误，还请求上帝来见证——这个人就像一根棍子一样细瘦。

事实上，常常可以在讨论时观察到，讨论一个复杂主题的积极和消极方面时，容易发生两极化，在A强调积极方面时，B立刻发现消极方面，并自动填补空缺。每句话都会产生矛盾，这个过程包含着机遇和风险。一个对象通过不同的对话得到他们的“律师”，这样“整个真相”就会在交流中变得明显，如果论题和反论题得到很好的表述，那么就可以形成这种综合性。另外，风险在于各方面的“律师”作为半真半假的代表相互斗争，进而撕裂了关系，促使交流进入事实维度和关系维度的“难以容忍的纠缠”状态。

“普遍矛盾”可以在以下的对话实验中得到很好的证明：一个身处艰难决策环境中的信息发送者有一个“是……但”立场（例如：我想要一个孩子，但我的负担会不会太大？）。如果接收者的反应是鼓吹“是”（孩子们太好玩了），对话就会很容易被引导到代价上，使用“但”进行解释（代价是巨大的，你会失去所有自由，但这是为了孩子），然后，发送者的能量更容易流于“是”的观点。

4.2 一级和二级解决方式

基于一些不同的考虑，心理治疗师和沟通心理学家海利、瓦茨拉维克、魏克兰德和费西得出了一种具有影响力的说法，我们称之为反向诉求。就目前而言，可以将他们的想法简化如下：

问题是，某些令人满意的人或事没有适当的条件，它们或条件不足，或有一些（太多）不受欢迎的东西。例如：房间里太冷了，12岁的儿子不做家庭作业，X先生一直在抽烟……解决这类问题最明显也最成功的方法是引入相反的方法：向寒冷的房间提供热量，12岁的孩子被鼓励在学校付出更多的努力，X先生收到医生的禁烟令。

这种解决方式的特点是，如果所采取的措施被证明过于软弱，就要通过更多的相同的措施确保最终成功。如果热量供应不足，就必须增加更多温度，如果对于12岁的孩子，温和警告还不够，父母就会给孩子“更多的压力”，等等。

因此，这种一级解决方式的基本特点是采用相反的办法，如果没有成功，则加强同样的措施。对我们来说，最重要的是解决措施对沟通的影响。一级解决方式就是在期望的方向上的诉求。

有一些问题不适合使用一级解决方式，如果引入相反的方法没有效果，更多相同的行为只会让情况变得更糟。通常，在这种情况下，解决方式的尝试本身变成了主要问题。

举个例子：针对酗酒问题，通过限制饮酒（引入相反的方法）并最终禁止饮酒（更多相同的措施）来解决。但是禁酒令的“治疗方法”被证明是比酗酒本身更大的罪恶：黑酿酒厂、犯罪分销商、腐败、黑帮。

忧郁的人很悲伤，他的“消极眼镜”只能看到生活中不好的一面。于是，朋友和亲戚都试图让他高兴起来，向他展示生活中美好的一面（引入相反的方法）。我们知道，诉求并不是改变情绪状态的合适手段。因此，他变得更加悲伤，因为这表明他的反应有多么“不合理”。朋友和亲戚现在加倍努力（更多相同的措施），最终，最初的悲伤变成了严重的抑郁。

丈夫希望在婚姻中保持他的“自由”，有时会独自离开。妻子很担心，并提出了诉求：各种指责、建议，或出于这样或那样的原因希望他能留在家里，等等。丈夫觉得这种压力让他感到婚姻就是一种束缚（或监狱）。妻子越控制他，他被束缚的感觉就越强烈，他对自由的渴望就越强烈，他的“爆发”也就越多。

尤其在最后一个例子中，很明显，“更多相同的措施”（责备、试图施加影响）将产生与预期完全相反的效果。唯一有希望的解决办法（从妻子的角度来看）是少使用同样的方法。如果她（通过她的整个行为）发出信号：“没关系，你去吧！”然后，丈夫的愿望（打破牢笼）便不再有任何意义，因为婚姻不再是一个牢笼！

从前面的分析可以看出，对于一些问题，一级解决方式不仅没有帮助，反而会加剧问题的严重性，使问题本身变成实际问题。这产生了一种新的解决方式策略：如果你面前有一个看起来很难解决的问题，那么，请检查这个问题持续存在是否是因为一级解决方式的错误。如果是这样，就不要直接针对问题本身，而是针对这些试图解决问题的错误尝试。通常，这个问题会以一种令人惊讶的方式被完全解决。

瓦茨拉维克等人谈到了二级解决方式。这种解决方式的基本特征是它们不是针对问题本身，而是针对解决问题的一级解决方式的尝试，这些尝试将单纯的困难变成一个宽泛的问题。

4.3 描述症状

我们看到，相反方向的诉求代表着一种二级解决方式的尝试。在心理治疗实践中，这种矛盾的诉求往往会以“症状处方”的形式出现：病人没有被警告放弃症状，因为诉求对不受任何控制的反应没有帮助。相反，咨询客户被要求继续保持症状！

下面，由几个例子来加以说明：

失眠者试图通过各种方法（数羊、自我暗示等）来诱导睡眠。然而，睡眠必须是自发的，而不是由有意志的行为引导的。是的，意志的努力几乎阻止了他入睡。因此，这个困难变成了一个严重的问题（药物治疗加重了问题）。

另一种解决方案是针对那些失败的尝试，它包含了治疗师的诉求：“睁大眼睛，尽量保持清醒。”只有当睡眠压倒你的时候，你才能闭上眼睛！这种相反的诉求阻止了客户解决它的意图（一级解决方法），消除了自然入睡的主要障碍。

一对不再相互理解的夫妇被指示每天至少吵架两次（以一种急躁、敌对的方式），比如早上8点至8点10分，晚上7点45分至7点55分。

一个特定抽搐的病人被指出：他故意用过度的方式进行抽搐。

为了理解为什么症状处方可以适用于治疗患者的症状，我们需要简单地看一下所谓的非自发悖论的本质：

矛盾诉求既是病因又是药引，有些向孩子、上司、合作者（配偶）发出的呼吁是自相矛盾的。“你要有自己的个性，不要总是那么心软，按我说的去做！”一个男人对他的女朋友说。这个要求的矛盾之处在于，女友只能通过不按照他的话来满足他的要求。因为如果她按照他的要求，那么她就做了男友让她做的事。然而，如果她不想服从这诉求（从而显示她的独立性），那么她必须保持她以前的依赖男友的行为。这种似是而非的诉求的混乱之处在于，接收者无论做什么，得到的结果都只能是失去自我。

沟通研究人员似乎已经发现，这种“自发性”的矛盾更常发生在患有精神分裂症的家庭，这种诉求可能是危险的“病原体”，因为它们无法离开接收者（无法进行元沟通）。

相反，矛盾诉求也可以被用作“治疗手段”——如果它们被有意地用来治疗自然的、自发的、“不可能”通过“处方”来治疗的症状。上文中的那对情侣本应在“命令下”吵架，但他们会发现自己无法“成功地争吵”。如果症状失败了，那这就是治愈（或者至少是重要的第一步）。同样，有意诱导抽搐会使抽搐失去自发的性质——病人将在症状上成为“主人”，而不再受病症的摆布。

4.4 矛盾的诉求作为保障优势的战略性演习

到目前为止，我们所举出的例子可以归结为一个比较简单的因变量：如果一项行动是按照诉求进行的，人的心理状况就会改变。这种情况可以在策略上使用，也就是说，正如我们所看到的：当行为是自发的时候，通过教导，一个人可能会失去性格或变得非常无能。这可以看作侵犯个人独立的行为。

儿童和青少年的行为往往是由这种动机决定的，尤其是当教育者们以明显的权威的姿态出现时。假如你对着两岁的孩子说:“马上站起来跳舞！”随即孩子的行为发生了变化——即“我想做什么就做什么”的冲动表现变成了其现在对命令执行方式的关注（很快“拒绝”）。

然而，在教育和人类共存中，使用自相矛盾的诉求（无论它们多么“成功”）是一把双刃剑。例如，“把孩子和成人放在正确的道路上往往很容易，因为他们的顺序正好相反”，“依赖是比服从更大的罪恶”……

然而，在特殊情况下，似是而非的诉求可能代表着一种权宜之计——保证优势。如果我强行让一个吵闹的班级制造更多的噪音，可以看到这个行为的以下优点：第一，我给了这个班级的学生们显然（暂时）需要的东西。第二，它是否会按照你的意愿回应（至少在我的控制之下）。我不太需要优势，特别是当我进入一种合作的伙伴关系方式时。

如果班级的反应令人震惊——这也是我想要的——我可以更容易地控制事件。下面是祖利格在Röhm期刊上发表的文章中的例子：

在老师的指导监督下，两个学生开始争吵。老师说：“要吵就到这里吵，一个一个来，如果你有足够的钱，你可以获得学籍直接回家！来吧！”

第五节　公开的诉求

隐蔽和矛盾的诉求是试图模糊自己意图的痕迹。正如我们所看到的，为了达到效果，这都有充分理由。然而，如果有人希望建立一个除操纵和技巧之外的明确、诚实、无规则关系的世界，那么公开的诉求、直接表达愿望和要求就是这种交流的主要内容之一。

在许多情况下，公开的诉求可以成为“病人”沟通的“治疗者”。例如，已婚夫妇说自己的伴侣生病了——因为他们的伴侣没有表达他们的意愿，或者是用了他们加密了的形式。同时，信息发送者也在播下失望的种子——没有实现接收者的愿望可能仅仅是因为他的无知。

很多“好理由”都是在半清醒的状态下促使信息发送者避免直接公开诉求的，但经过更仔细的观察后发现，这些“好理由”是在通往令人满意的人性的道路上设置的障碍。在探讨公开诉求前让我们先来看看这些“好理由”，它们常常会误导信息发送者，使他们的语言变得模棱两可。

5.1　避免人际接触中公开诉求的原因

自我表达的恐惧。任何发出诉求的人都暴露了他们自己的利益诉求和愿望。因此，每一种诉求都有自我表达的成分。众所周知，发送者喜欢隐瞒这一点。一些诉求中包含了寻求帮助、渴望接触等信息。通过提供非常间接的诉求，发送者一方面有机会让接收者理解信号并“主动处理它们”——信息发送者可以“忍受”，他得到了他想要的，而且没有因为放弃自己的需求而使声望遭受（假定的）损失；另一方面，如果被问到“你想让我……”时，可以否认诉求（我没向你提过要求），保护自己不被曝光。

害怕被拒绝。每一次诉求都有可能遭到接收者的拒绝。担心自尊受损的发送者会觉得这是对自己的拒绝。通过间接和加密的方式提出诉求，给接收者“倾听”自己的诉求的机会，可以避免遭到明确的拒绝。

不明确的“不合理”程度。考虑到接收人可能不会回应自己的诉求，信息发送者会在每次沟通前预先估计这种可能性。如果这是以否定的方式来回答的，那么一项已经提出的诉求几乎可以被看作一种侵略行为。

然而，诉求往往在合理和不合理的范围内来回移动，这也取决于接收者的动机。一个间接的、含蓄的诉求可以检验合理性，不被看作侵略行为，同时也不会有使关系恶化的风险。例如，A和B晚上加班后回家。B拥有一辆车，而A没有，那么，B抛下A独自一人开车回家合理吗？

引发“自愿”。正如我们所看到的，当一个行动按照它的诉求去做时，它的性质就会改变。通常，它会因为诉求而对接收者失去吸引力。如果发送者知道这一点，但又想影响接收者，该怎么办?

发送者可能会试图间接地发出诉求，以至于接收者可能（显然）在无意中听到这个诉求，然后根据诉求“自愿”行事。如果主人说:“真是一个美丽的夜晚呢……”表明他认为现在结束聚会是相当合适的，那么客人可以自己“引爆”话题:“别难过，库尔特，但我们现在必须走了。”

害怕接收者没有勇气说“不”。在很多情况下，发送者只有在接收者“真的很喜欢”或者至少“不介意”的情况下，才会希望实现一个愿望。实际上，没有什么比通过询问来探索这个问题更接近的了。但一些接收者拒绝对人际关系造成伤害，他们错误地认为应该“满怀善意地接收诉求”，但内心很勉强。但这正是信息发送者所担心的。他正在做什么?他要么完全不去表达自己的愿望，要么就给予一个微弱的暗示，以便让对方含蓄地拒绝，也就是“倾听”自己的请求。

浪漫的“爱情”的想法。有些人认为诉求是一种真正的“爱的证明”。如果一个人成功地“读到了别人的愿望”，也就是说，不需要依赖公开的诉求。在他看来，表达出来的诉求无法实现。虽然不能否认这样一种“后视”的风格可以证明并加强亲密度，但这里有“融合”的危险——个人的幻想和欲望交织在一起。如一个连贯的对话方式的例子:“我们今天去看电影吗?”丈夫问——他认为他必须再给他的妻子一些“甜头”，这样她肯定会帮他一个忙。

避免责任。一位部门经理在员工中风评很好，因为他从不清楚自己真正想让员工做什么。我让他讲话，他说了一些冗长累赘的话（从信息的事实维度），而我总是在困惑他到底想从我这里得到什么（他的信息中有什么诉求）。“我猜测他的意图时，他自己也并不确定自己想要什么！”他的一个同事告诉我。据推测，这位部门经理采用了一种独有的沟通方式，使他摆脱了以下困境：一方面，他想施加影响；另一方面，总是有这样一种可能性，那就是决策是错误的，事情“出了差错”，或者决策对他人有害，会树敌。在这种情况下，最好能够否认有关决定的始作俑者的身份，甚至在必要时巧妙地“模棱两可”。

诉求以这样一种方式发出并指向接收者的方向，但发送者之后不能被“钉”在上面——这是一种逃避责任的策略。我再提一下他们的逻辑：表面是这样的，但是我想表达的却并不是这个意思。

5.2 公开诉求作为“生病”对话的“理疗师”

能量应该流向未来，而不应该太多地流向对过去的抱怨。例如（见图94），“你今天可以洗碗吗”对比“你今天就不能洗一次碗吗”，第二种版本包含了与之相关的责备信息，这使得接收者很难欣然回应诉求，因为在这里诉求与认错一致。

信息接收者多次想要遵循诉求本身，但发送者打造的氛围破坏了回应的准备。结果是：他们成了不听话的孩子和目中无人的配偶。

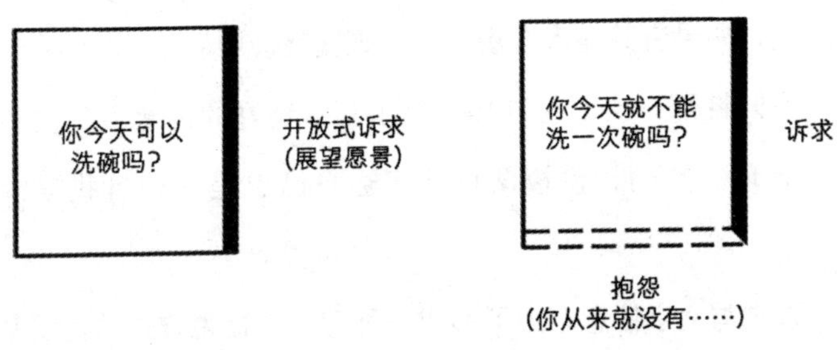

图94　如果没有关系的“毒药”制约，公开诉求只能用于“治好”气氛有问题的沟通

接收者可以利用这些考虑——面对控诉和愤怒——提出诉求问题：“我听到很多关于过去的愤怒，你希望我们将来如何进行？”关于这一点，对话可以往一个全新的方向继续发展。

5.3　公开诉求的基本规则

我推荐公开诉求作为一种沟通心理治疗。这种治疗方式迅速但难以应用于实践。我现在要讲一讲公开诉求相关的条件和一些基本规则——不了解这些内容就有可能出现新的困难。

要清楚自己。公开诉求的前提是信息发送者清楚自己想要什么。这一假设似乎不言自明，但现实往往并非如此。因此，遵从他人的意愿（可能之后还会抱怨）往往更容易，因为这会让你自己明确的意愿发挥作用。

露丝·科恩建议从小做起。她的建议是：“每天拿出10分钟的时间，我必须做我想做的事。”这是一个心理治疗师、病人和其他人的治疗游戏。她还建议独自一人在自己的房间里玩这个游戏。如果有其他人在场，游戏难度就会增加。

我们将再一次面对这样一个事实：良好的沟通需要内在清晰的条理。然而，模棱两可地表达自己也是一种自我澄清的方式。

诉求与文字信息。为了形成一种有益的行为方式，这项基本规则必须与公开诉求相结合。

我希望你得到消息。这样说是为了局势的透明度，而不是为了执行它。同样，我想知道你想要什么，这不仅仅是为了和我一样，而是基于完整的信息做出决定。

在这种情况下，公开表达的愿望与利己主义无关。“你学了10个学期的利己主义！”一名心理学学生的伴侣抱怨说——她在学习期间学会了清楚地说出自己想要的东西。这可能是一项真实的控诉，但就上述态度而言，这是不合理的。明显的愿望不包含无条件执行的意愿，一个人在事后仍然可以“利他”。

这里推荐的行为方式是通过一个每天都会出现的小例子来说明的——主人对准备午睡的客人说：“我想再练习一会儿长笛，你会介意吗？”

在我们看到客人的反应之前，我们要先意识到这种公开的呼吁是多么罕见。99%的主人都不会表达出真实的想法，他们认为：“虽然我现在想练长笛，但我不能这样对我的客人，这样肯定会打扰到他们。”

如果主人这样问了，他们肯定会回答：“不，不，那不会打扰我们！”不过，这只是因为他们不想给主人添麻烦而已。

所以，99%的主人都压抑了自己的愿望，开始觉得有点儿约束。

客人如何回答呢？

“是的，你这样做会打扰到我的。”

同样，这也是一种信息诉求（这并不意味着你不应该练习！）。99%的客人都会无私地回答：“不，不，练习吧！不要让我限制你！”然后客人会想：“他必须在午休时间练习吗？”

只有现在（在愿望被揭示之后）才能找到解决办法。但我想说的是：无论如何解决问题（实践、非实践、后期实践、短期实践、其他地方的实践），最重要的解决方法已经开始起作用了：它在关系维度（客人和主人）之间保持联系，随时表达自己的意愿。你可以在这样的“自由空气”中尽情呼吸！

信息发送者的责任。在公开表达诉求后，可能会得到两种回应：是或否。如果他遵守了诉求（是的），那么重要的是，他要根据诉求承担起行动的责任，而不是随后依赖它：“你想这样做，我也没办法！”如果人际关系是平等的，我可以自由地服从诉求或不服从，那么一个附属行为是基于我的决定（它包含我的创造者的身份）。

如果被拒绝。如果接收者不想遵从诉求，他就会鼓起勇气明确地说“不”。尽管听起来很矛盾，但只有明确、直接的“不”才允许信息发送者公开发送诉求。因为作为一个信息发送者，我经常“冒险”公开发送诉求。当然，这是因为我可以确定——当他说“是”时，并不是另一个真正的“是”。

因此，即使对答案的内容感到失望，发送者也应该感谢清楚的“不”，我能既失望（对于事实）又高兴（对于过程）吗？是的，我能。

信息接收者在拒绝诉求后，不能对诉求中的“过分之处”心怀不满。相反，接收者应该受到这样一种态度的鼓舞：“尽管我不想遵从诉求（拒绝内容），但我认为你可以表达你的愿望。”

这里所描述的诉求风格可以总结如下：

允许并希望信息发送者清楚地表达自己的意愿，允许并希望信息接收者拒绝，不遵守诉求。

图95再次总结了这些必要的基本原则。它是我们最先学会的，但是我们很少“从家里”把它带出来。

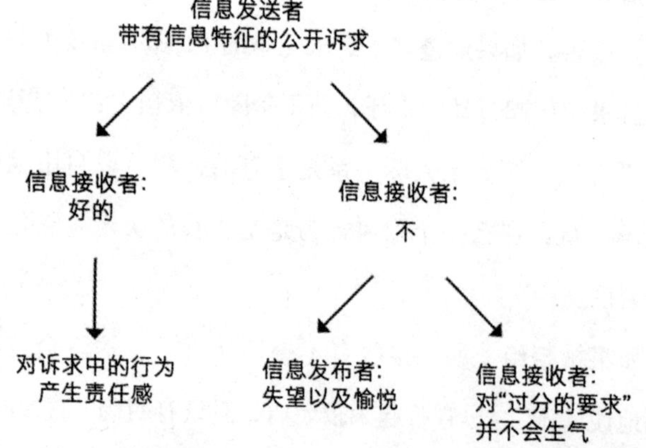

图95　信息发送者和接收者在开放式诉求风格交际中的态度

此外，这种行为方式不能保证和谐的人际关系，相反，会使冲突比以前更加明显。但它支持清晰的解决方案，让我们能够获得自由呼吸的“清新空气”。

后记

写给所有心理学家及喜欢心理学的人

一、“心理学”沟通带来的机遇和危险

是什么让如今的生活如此危险？是技术“万能”和人际交往“无能”的矛盾。因此，掌握理解的能力势在必行（如果不是太晚）。本书包含了必要的人际交流方法和指南。

我们首先应该做什么？是期待科学进步推动交流进步，还是随着人际交往科学化陷入新的个人异化的危险？当我看到每年新的心理学研究成果不断出现，但是人们的交际态度却一成不变时，就会产生这种担心。我在1980年的《今日心理学》（第9号）中讽刺了这种现象，同时也表达了自己的担忧。

这也涉及了一个我经常被问到的问题：“作为一名心理学家，你能像正常人一样自发地做出反应吗？”

这个问题带有一些钦佩、一些怀疑，甚至还有一丝恐惧：

钦佩心理学家（据说）在人际交往中可以如此独立，并看透所发生的一切，怀疑心理学家是否可以拥有正常的人际关系。一个人很难遇到单纯的人，但经常会遇到口不对心的心理学家，他们的行为并不会反映他们的内心，而是反映一条条理论。

二、元沟通

我们前面接触了一些元沟通的内容，现在，我们再深入一点，下面是我的那篇讽刺文章：请记得你还是人，敬告所有心理学家！

哦，我是多么幸福，可以通过自我意识、治疗小组和主题互动，可以通过沟通训练、冥想，以及感谢上帝，更好地了解自己和我周围的人！我过去常常这样：对别人的话只听一半。我的外表很正常，但是经常设法避免与他人真正接触！

但是我不想否认：自从我踏入了心理学的领域，我想将我的成长、进步全部隐藏起来。

我最近与玛丽亚约会——她注定会变成一个非常好的女人,这一点毋庸置疑。我们坐在酒吧里喝着啤酒，她高兴地和我聊这聊那。但是，内容有点儿过于表面，甚至跑题。我意识到，她鲜活的生活方式远比她的故事内容更让我感动。于是，我决定给她点儿反馈。

众所周知，反馈需要一些检验。一开始，我可能不会挑起另一个话题，或者，我会通过第二人称消息给玛丽亚贴上标签，以避免传达自己的感情。然而，现在我已经考虑到了相关反馈原则（它应该是描述性的、非语言的、更具体的、直接的，最重要的——是以第一人称形式给出的）。

当然，我已经将这些规则大部分都融合进了我的人格。因此，在提供反馈之前我不必单独重新考虑它们——这会妨碍我的自发性。于是，我很快就酝酿出一句话："我喜欢你的生活方式，但是帆船俱乐部和其他的内容我都不太感兴趣。"

我通常会用这种原始、简单的句型说话。感谢上帝，我在最后一刻意识到，这两个反馈部分是用"但是"连接起来的，可惜这个词贬低了前面的一部分。按照弗里茨·佩里什的格式塔理论，我还是用"而"取代了"但是"。所以这句话变成了："我喜欢你的生活方式，而帆船俱乐部和其他的内容我都不太感兴趣。"

我要注意在前半部分（"我喜欢你的生活方式"）通过轻微的身体接触这种非语言因素来表达我的肯定，以拉近我们之间的距离。

当然，她看起来有点儿迷惑，我非常熟悉并且十分期待这种表情，这是那些尚未经历过心理学训练的人特有的表情。我理解，这些人不会做到如此直接，他们也不喜欢身体接触。不能对他们要求太高。

于是，我不能指望她自己现在也会根据规则给予我反馈。为了促进真正的交流，我允许自己进行一次小小的干预，并问："你现在感觉怎么样？"

她有点儿烦躁："你对什么感兴趣？嗯，我的意思是，人不能总是说些看不见底的话！"

就是这个！我的脑内划过一道闪电，这个名词"人"，其背后可能隐藏着非常私人化的经历和感受。和那些没有受过训练的人一样，我发现我们的对话也有了向谈话内容外部延伸的倾向，这样就可以让自己置身事外。我决定通过积极倾听为她做一点儿服务，帮助她逐渐挖掘出"人"背后隐藏的"第一人称消息"。毕竟，"人不能"的背后通常是强烈的"我不要"！

首先，我说："谈论那些涉及你个人甚至是更加深入的事情对你来说是不是不太容易？"随后，在说话的同时，我开始跟随直觉，试图通过小心的措辞缓解她的防御性对抗：

"有时候，你是不是会觉得谈论那些距离你比较远且不会触动你的事情更容易？"

她皱起眉头问道："你的意思是什么？"

这一次的回答要一击致命："你在思考那可能是什么，你立刻想到了什么事？"

玛丽亚动了动身子，她拿起我的手覆盖在她的手上。这样，之前我在表达"我喜欢你的生活方式"时的身体接触起了作用。有一段时间，我觉得我们二人的手有些僵硬，虽然当时的动作不像现在这样自然，但她应该不会移开我的手，为了不让我产生被拒绝的感觉。

她说："有时候，你说的话有点儿绕来绕去。"

这是单纯的防御，并以第二人称的形式出现。但是要注意，玛丽亚并没有练习过诉说个人情感，甚至是不愉快的体验内容。所以，这个行为只能理解为紧急情况下的防御。另外，我意识到，我的上一段话可能听起来有点儿太"治疗"了，所以她可能觉得在关系维度就像病人一样被对待。

现在，我正处于选择的十字路口：我应该通过元沟通来解决这种干扰并试图澄清她对关系的误会吗？还是我应该脱离，把我面前的人简单地看成一个人，然后进行自我表达，让她更容易吐露心声？

我选择了后者，因为这样让我自己感觉最为舒适。

于是，我说："你知道，我有时会谈论各种各样的事——那些比较表面并且与我无关的事。也许是因为我有点儿害怕谈论我个人，因为我可能会被对方拒绝。”

她没有说话，我把重点放在了前面半句：“……或者我会拒绝我自己！”

虽然我无意识地严肃起来，并说了这些有意义的话，但玛丽亚只是耸耸肩说：“这很正常，你还要再来一杯吗？我必须马上走了。”

不知为何，我觉得我说的话她一点儿都没有听进去，她的反应让我觉得自己是在抛“玉”引“砖”，毕竟我都透露了我自己的心声。因为这种失落之感（在我看来现在她失去了最初吸引我的活力），我觉得是时候通过元沟通换个级别解决问题了：

“你知道，我说出这些话并不容易，而且我注意到我必须使劲推动一下，所以我想谈谈我们如何在这里说话，我的感受如何。不知为何，我感觉到我们之间有一道无形的墙，我总是不断撞向这堵墙，并没有真正触及你，你明白吗？我用耳朵听你说的每一句话，但却感受不到你……”

这时，发生了令人难以置信的事情。我没有一点儿防备，玛丽亚突然拿起杯子把啤酒泼在了我的衬衫上。她仿佛看到什么傻事一样笑了，然后说：“这下你感觉到我的存在了吧，哈哈！”

然后她起身离开了。

自从踏入心理学领域后，我从没有像现在一样想变回以前的样子。过去，我会大声喊出粗鲁的第二人称消息：“你真令人讨厌！”当然，我知道，如果我真的说出这句话，只会传递一些有关他们的东西，让我完全不清楚自己内心发生了什么。

因为我现在完全不觉得我们在进行元沟通和彼此理解，虽然湿乎乎的衬衫黏在皮肤上很不舒服，但是因为我（特别是作为心理学家）想要在当下坚持我的感受，我决定立即表达我的真实感受，我朝着玛利亚自发地大声说：“我现在非常生气，玛丽亚！”

玛丽亚一言不发（这是攻击和逃避倾向——人们面对感到不适的情况的典型反应）。这次我不可能再说出我的问题，并和她讨论。我觉得我们之间还有一些未完成的事情，下次可能不得不再继续努力解决这些问题。

另外，我决定把这件事加入我的监督小组，以便让我弄清自己在这件事中的作用（她是不是在某一个地方让我想起了我的母亲？）。

无论如何，这件事清楚地表明——与尚未准备好的人沟通是多么困难，他们仍然不具备进行真正沟通的能力。

三、“职业病”

我不想被这样讽刺误解。我并不反对职业病——心理学的确有助于性格发展。心理学家掌握的各种各样的科学知识以及系统的方法有什么用处呢？在和自己、和他人交际时，是不是会和咨询客户一样笨拙？

我们必须注意到这个学科的特殊性，即心理调解主要通过人际交流实现。负责调解的人的个性是他传递的消息和调解方法的重要组成部分。如果我们想让客户强化自我认知和提高个人能力，就必须从自己开始。

如果这个过程走入歧途，我就会闷闷不乐。前面讽刺文章中的主角就穿着伪专业的华丽礼服，用心理学隐藏自己的笨拙，不敢表达自己。是的，很多时候，我们用心理学的假面取代了日常真实的外表。

关于讽刺，我想说一下心理学家的“专业精神”，即一些与他们的职业有关的怪癖。然而，露丝·科恩曾指出：事实上，它（经常）是“不专业”的体现——因为缺少训练从而形成对心理学的误解。在一封私人信件中，她写道：“你的缺陷在于缺乏专业的移情，以及有选择地表达真实情感及缺乏分析整体的训练。”

四、心理学术语

心理学术语带来的第一个问题就是某些形容基本行为的术

语被打造成新的“心理知识”。人们一丝不苟地按照这些术语控制自己的行为,以此表现自己的优越感。新的心理学行为(例如,一丝不苟地传达第一人称消息、积极倾听、元交流……对“个人份额”的肤浅或实际的发言等)就仿佛一辆有华美装饰的马车,而拉车的还是以前的马。因为马匹仍然向旧的方向前进,思想的终点不变,路上的不确定因素也没有改变。

毫无疑问,第一人称消息概念背后是更具个人性和有益的概念:我对周围的环境和人的看法强烈反映了我的内心。不仅是投射实验,所有对世界的看法都反映了我自己本身。

心理学的根本问题也是如此:“我对你或对这个那个的反应方式表现了我的什么?”这个问题可以帮助促进自我认识和理解。然而,和这种思维配套的可操作和可训练的行为方式——发送第一人称消息——会导致人类的天性被专业的训练所湮灭,进而导致自我情感严重形式化。

发送第一人称消息的确对沟通有利,但会失去沟通最原始的影响。因此,在某些情况下,沟通心理学上被批判的第二人称消息(你是一个可怕的魔鬼!)比概念化的第一人称消息(我现在想要做点儿事情,我对你很生气!)包含更加真实的愤怒。当然,如果发送者愿意并且能够在需要时回顾性地解释他当时的内心状态,“第二人称消息”也是可取的。

第二个问题是:和第一人称消息相似,另一个心理学上的行为也脱离了基本行为,变成心理学技术的威胁,即积极倾听

“情绪体验内容的语言化”旨在理解移情，便于进入对方的世界。但是，由此人们会产生疑问，这种移情对于治疗来说是否必要，对于人际关系是否有意义（对比罗杰斯的理论，1980）?

那些通过心理学提高心理能力的人又向前迈出了一大步。然而，如果由于行为训练而产生的这种共情变成机械刻板的“镜像”，就会导致人与人之间的交流变得贫乏、无趣。

真正的移情可以通过各种方式表现，不需要刻板的语言。如果心理学家在既不符合自己的内心状态，也不符合关系，还不符合场景，在与他人的关系或情境的本质不一致的情况下“应用”这种行为，那么，原本有意义的态度可能会变成无助的怪癖或“秘密武器”（见下文）。

“一致性优先！”这个一般规则是任何心理实践训练的第一课。

五、治疗行为作为操纵工具和武器

到目前为止，我已经描述了“心理学”行为与其原本含义的分离，并且指出了机械地按照术语执行这些行为会使各种各样充满个性的交际变得单一、贫乏。这种结果可能很不美好，但并不危险。但是，如果这些行为不仅与原来的意义分离，而且被用于完全不同甚至几乎相反的意图，那么情况就不同了。

每条信息都包含表达方面和效果方面的意义。“我口渴”表达了现状，但同时包含对理想状态的诉求（给我一杯饮料！）。一般日常沟通技巧（例如，积极的自我表达，礼貌的语气等）强调效果方面，即给人留下好印象，让他们保持良好的心情等。

与这种日常“假面舞会”相比，人本主义心理学的真实性原则强调表达方面——在减少效果控制的同时表达自我。

现在却存在一些危险的情况（这不仅仅是讽刺）：一个行为被包装成表达方面的行为（如第一人称消息），实际上却是以效果方面为主。这种日常的外表看上去更具真实性，也因为这个原因，这些行为不会被伪装成其他人们少见的行为（元沟通）。

那些由基本思维、日常自由的对话和交际引导的行为方式，现在变成了控制他人的工具或技术。可以说，这是一只披着人本主义心理学羊皮的狼。

六、心理学行为方式的两面性

我们肯定：可操作和可训练的心理行为具有两面性。这取决于他们“上了哪辆车”——他们可以为人类的理解或自我表达服务，也可以为操纵和追求利益服务。

这种两面性在我朋友兼同行海格的一场梦中表露无遗：

我在街上被一伙人截住带走。他们把我带到一座建筑里，我被他们控制着。他们指责我做了坏事，我无力抵抗；他们威胁要杀死我，我没有辩解，而是积极倾听。这种方式救了我，他们最终释放了我。

积极倾听的双重性在上面一段话中表现得淋漓尽致。一方面，它是一个有效的工具，可以维护自己的利益，甚至拯救自己的生命。我们在前面看到过，一位心理学家通过“机智”的行为实现了他的目的。

另一方面，感受并理解对方的世界是否就可以为人和行为建起理解的桥梁呢？是否就可以用这种方式理解那些暴力犯罪行为呢？

七、“人工”的原始性

还有另一个问题，人文心理学已经证明，通过行为虚伪的外表和操纵技巧并不能促进人际交流。相反，自我找寻和原始真实的表达形式反而可以促进交流的发展，优化人际交往。

但现在的问题是，一旦这种形式被认为是有利的，它们就成了人们竞相追求的目标。自从克莱斯特写出了《论木偶戏》，我们就意识到，人类会追求自己所没有的东西。所以追求所谓的善意（我想让自己变得更真实）是不可能的。

同样，治疗师或培训师是否会去表达自我呢（或者他本身已经做到了表达自我)？因为研究证明这是有利于性格发展的。答案是否定的，这里的“纯人类”已经成了专业工具。

我并不抵触专业工具，因为专业工具是必要的。而如果它们被伪装成非工具的样子，才会出问题。

我们从一个单纯、天真的“天堂”里被赶了出来，我们这些心理学从业者正在寻找第二个单纯天真的天堂。心理学曾经是摆脱旧束缚的辅助工具，现在心理学本身却有可能成为新的束缚。卡琳·拉恩有一段话令我印象深刻：“我想要的是忘记所有交际规则的人与人之间生动的练习。但当‘真实和感觉’被用于生活中时，却成了折磨人的不真实。表达‘我现在非常生气’，其实……并不真实，它本身并不是真的。更糟糕的是，有一种伪装的真实，即用天真、单纯的方式掩饰自己。然而，人们面对虚伪却无法保护自己，揭开虚伪的假面并不容易，这简直让人类处于孤立无援的境地。”

寻找第二个天堂可谓“路漫漫其修远兮”。请心理学家周围的朋友，也就是上文中的“玛丽亚”原谅我们的怪癖，我希望心理学家古怪的行为只是我们探索路上的一个过去。

心理学能否有助于改善人际交往？我一直坚定地相信：是的。甚至，我认为心理学是改善人际交往的决定性因素。因为心理学清晰地表明——这个学科的研究对象是内在状态而非外在的表面(更不是关于如何说话以及如何措辞的)。

而各位信息接收者逐词逐句阅读的正是这些内在状态，对各位产生影响的也正是这些内在状态。可以说，沟通和人格形成是同一枚硬币的正反两面。